# HER ŞEY SENİNLE BAŞLAR!

## Kişisel Kurtuluş Savaşınızı Başlatın!

> Dünyada değişiklik yapmakta başarılı olanlar,
> değişikliğe kendilerinden başlayanlardır.
>
> Bernard Shaw

**MÜMİN SEKMAN,**

Kişisel gelişim ve sosyal başarı türünde kitapların yazarıdır.
"Başarılı olmak öğrenilebilir" düşüncesini savunan yazarın kitapları:
1. Ya Bir Yol Bul, Ya Bir Yol Aç, Ya Da Yoldan Çekil! (15. baskı)
2. Kesintisiz Öğrenme ( 8. baskı)
3. Türk Usulü Başarı (7. baskı)
4. Başarı Üniversitesi (10. baskı)
5. Kişisel Ataleti Yenmek (13. baskı)
6. Çevik Şirketler (5. baskı)
7. Her Şey Seninle Başlar ( 7. baskı/ 500.000 adet)

Bu kitaplardan başka, sıfırdan zirveye başarı öykülerinin anlatıldığı "İnsan İsterse: Azmin Zaferi Öyküleri" serisinin de konsept danışmanlığını yapıyor.

İstanbul'da doğan yazar, Ankara Üniversitesi Hukuk Fakültesi'ni bitirdi ama hukuk alanında hiç kariyer yapmadı. Bir dönem Çocuklar Duymasın dizisinin senaryo danışmanlığı yaptı.

Çok sayıda özel şirket, kamu kurumu ve üniversitede başarı üzerine seminer verdi. Kendi alanında ilk üçte olan bazı lider, star ve işadamlarına "öyküsü yazılmaya değer bir iş başarma" danışmanlığı yaptı.

Kişisel Gelişim Merkezi'nin kurucusudur. Kigem.com Türkiye'nin ilk kişisel gelişim içerikli internet sitesidir ve Türkiye'de "Beyin Haftası" kutlamalarını yürütmektedir.

Türkiye'de "kişisel gelişim uzmanı" titrini ilk kullanan kişi olan Mümin Sekman, dünyanın metrekaresine düşen başarılı insan sayısını artırmayı kişisel misyonu sayıyor.

Rakamlarla Mümin Sekman'ın Kariyeri (Eylül 2007)

- İlk kitabını 21 yaşında yazdı.
- Bugüne kadar 7 kitabı yayınlandı.
- Türkiye'nin 40 şehrinde seminer verdi.
- Kitaplarının toplam satışı 680.000'i geçti.
- Seminerlerine 55.000'den fazla kişi katıldı.
- Web sitesi Kigem.com'a 60.000 kişi üye oldu.
- "Her Şey Seninle Başlar" kitabı 2 yılda 500.000 baskı yaptı.

www.kigem.com
www.muminsekman.com

# HER ŞEY SENİNLE BAŞLAR!

Kişisel
Kurtuluş Savaşınızı
Başlatın!

**Mümin Sekman**

*Alfa Yayınları* **1646**
*Kişisel Gelişim* **48**

## HER ŞEY SENİNLE BAŞLAR!
### Kişisel Kurtuluş Savaşınızı Başlatın!

**Mümin Sekman**

1. Basım : Kasım 2005 (100.000 adet)
2. Basım : Aralık 2005 (100.000 adet)
3. Basım : Şubat 2006 (50.000 adet)
4. Basım : Nisan 2006 (25.000 adet)
5. Basım : Haziran 2006 (75.000 adet)
6. Basım : Kasım 2006 (50.000 adet)
7. Basım : Ağustos 2007 (100.000 adet)
ISBN : 975-297-699-9

*Yayıncı ve Genel Yayın Yönetmeni* M. Faruk Bayrak
*Yayın Koordinatörü ve Editör* Rana Gürtuna
*Pazarlama ve Satış Müdürü* Vedat Bayrak
*Kapak Tasarımı* Emrah Yücel
emrahyucel.com

© 2005, ALFA Basım Yayım Dağıtım Ltd. Şti.

*Kitabın Türkçe yayın hakları Alfa Basım Yayım Dağıtım Ltd. Şti.'ne aittir.*
*Yayınevinden yazılı izin alınmadan kısmen ya da tamamen alıntı yapılamaz,*
*hiçbir şekilde kopya edilemez, çoğaltılamaz ve yayımlanamaz.*

*Baskı ve Cilt*
**Melisa Matbaacılık**
Tel: (212) 674 97 23  Faks: (212) 674 97 29

**Alfa Basım Yayım Dağıtım Ltd. Şti.**
Ticarethane Sokak No: 53  Cağaloğlu 34410 İstanbul, Turkey
Tel: (212) 511 53 03 - 513 87 51 - 512 30 46  Faks: (212) 519 33 00
www.alfakitap.com
info@alfakitap.com

# TEŞEKKÜR

**Okunmaya değer bulunan her kitabın arkasında teşekkür edilmesi gereken birileri vardır.**

Değerli dostum 'grafik tasarım sihirbazı' *Emrah Yücel*, kitabın 'ilk son hali'ni okuduktan sonra, kapak yapmak istediğini söyleyerek, bir de benim kalbimde 'Key-Art' ödülü kazandı. Emrah, Hollywood için çalışan, Frida, Kill Bill gibi filmlerin afişini yapmış bir arkadaşım. Değerli dostum, kapağına layık olmaya çalışacağım!

Kitabın yazılış aşamasında sağladığı lojistik destek nedeniyle *'bir mali müşavirden daha fazlası'* unvanını hak eden *Burhan Eray*'a, internet ile ilgili yüzlerce formaliteyi *'tamam hocam'*dan başka kelime kullanmadan yapan *Fatih Yeşilbaş*'a, ne zaman birinin özel telefonuna ihtiyaç duysam VIP-118 hizmeti sunan 'acar gazeteci' *Metin Can*'a da çok teşekkürler.

'International çevik çekirge' *Sinem Ersever*, Londra'da İngilizce bazı kaynaklara ulaşmam için olağanüstü çaba harcadı. *'Sensei bak ne buldum'* diye başlayıp, güzel önerilerle devam eden cümleleri kitaba çok şey kattı.

Değerli dostum, 'bürokratik işler bitirme uzmanı' *Sinan Poyraz* da, Ankara'daki üniversitelerin arşivlerine ulaşmamı sağladı. 'Büyüksün Sinan!'

Kitabın yazılış aşamasında 'fikir teatisinde' bulunduğumuz 'yazar, çizer takımı'ndan arkadaşlar *Tüluhan Tekelioğlu, Nüvide Tulgar, Banu Özdemir, Onur Hınçer, Selçuk Arıcı* ve *Ahmet Yıldız* da teşekkürü hak edenlerden. *Koray Tulgar*'a da Atatürk'ün biyografisiyle ilgili bilgileri sağladığı için sıkı bir alkış lütfen.

Alfa Yayın Grubu'ndan 'patron' *Faruk Bayrak*, 'neo-CEO' *Vedat Bayrak*, 'imza günü asistanım' *Eylül* ile annesi *Rana Gürtuna* ve 'Haftaya *Hamit* Bey' bu projeye verdikleri destekle kitabın size 'bu kalitede, bu fiyata' ulaşmasını sağladılar.

Farkında olmadan kitaba güzel katkılarda bulunan 'o mağrur *Beste*'ye ve son okumasının uğur getirdiğine inandığım 'mavi gözlü çekirge' *Özlem Hüsem*'e de 'ekstra' teşekkürler.

Biz yazarların en büyük paranoyası yazdığımız kitabın son anda bilgisayar tarafından aniden yutulmasıdır! Bana bu kâbusu yaşatmayan **Dente** bilgisayarıma da minnettarım.

Bu kitabın fonunda üç şehir var: İstanbul, Londra ve Vancouver. Bu üç şehre de teşekkürler.

Son teşekkür de *sana*, bu kitabı alarak bana seninle tanışma fırsatı verdiğin için!

# İÇİNDEKİLER

Teşekkür • *v*
Giriş: Balık Tutup Vermek Mi, Balık Tutmayı Öğretmek Mi? • *1*
Öğrenilmiş Başarısızlık: Kaybetmeyi Nasıl Öğreniyoruz? • *13*
Bilimsel Temeller: Köpekler 'Çaresizliği' Nasıl Öğrendi • *23*
'Öğretilmiş' Çaresizlik: "Ahh Bi Elimden Tutan Olsa?" • *35*
Öğrenilmiş Çaresizlikten Kurtulmak:
Başa Çıkmak İçin Neler Yapmalı • *49*
Başarmak Güzeldir: 'Öğrenilmiş Başarı' Hayatınızı
Nasıl Değiştirir • *69*
Kendinizi İleri Fırlatmak: Olduğunuz Yerde Durarak Olmak İstediğiniz
Yere Varamazsınız. • *83*
Engelleri Aşmak ve Sonuç Almak: "Bir Kapıyı Kırk Kez Mi, Kırk Kapıyı
Bir Kez Mi Çalmalı?" • *91*
Özgüveni Geri Kazanmak: Bize Neden
'Düş İşleri Bakanlığı' Gerek? • *109*
Çaresizliği Öğrenemeyenler: "Başardılar Çünkü
Başaramayacaklarını Bilmiyorlardı!" • *117*
Kişisel Kurtuluş Savaşını Başlatmak: Her Şey Seninle Başlar! • *131*
Dipnotlar • *147*

## Giriş: Balık Tutup Vermek mi, Balık Tutmayı Öğretmek mi?

Ünlü bir bilgeye (Eflatun), insanoğlunun en şaşırtan davranışlarını sordular.
Şöyle cevapladı:

- İnsanoğlu çocukluktan sıkılır, büyümek için acele eder, sonra da çocukluğunu özler!
- Önce para kazanmak için sağlığını harcar, sonra da yitirdiği sağlığını geri kazanmak için parasını!
- Hiç ölmeyecekmiş gibi yaşar, sonra da hiç yaşamamış gibi ölür!
- Hayata *hazırlanmaya* o kadar zaman harcar ki, hayatını *yaşamaya* vakti kalmaz.
- Yarınını o denli düşünür ki, bugünün elinden kayıp gittiğini fark etmez bile. Oysa hayat geçmişte ya da gelecekte değil, şimdiki zamanda yaşanır.

Okul hayatında 'hayat bilgisi' dersi gördüğümüz halde, hayat okulunda ezberimiz neden karışıyor? Çünkü okullar bizi *hayata* değil, *sınavlara* hazırlıyor. Bu yüzden okul hayatı ile hayat okulu arasındaki farklardan yaşam şaşkını oluyoruz.

1. Okul hayatında sınavlar önceden haber verilerek yapılır ve notumuz yüzümüze söylenirdi. Oysa hayat okulunda insanlar bizi habersizce 'sınava çekiyor' ve yargılarını genellikle içlerinde tutuyorlar.
2. Okul hayatında anlatılmayan konudan soru sorulmazdı, hayat okulunda soru çıkabilecek her konuyu bilmemiz bekleniyor.
3. Okul hayatında notumuz 'objektif' rakamlarla karnemize yazılırdı, oysa hayat okulunda *subjektif kanaatlerle* 'notumuz' veriliyor.
4. Okul hayatında soruların tek doğru cevabı vardı, hayat okulunda *kişiye göre değişen doğru cevapları* bilmemiz gerekiyor.
5. Okul hayatında bulunduğumuz sınıftan daha aşağıya düşmezdik, hayat okulunda 'sınıftan düşmek' mümkün!
6. Okul hayatında önce dersimizi öğrenir sonra sınava girerdik, hayat okulunda önce *sınava çekilip* sonra 'dersimizi alıyoruz!'
7. Okul hayatında tek dersten sınıfta kalanlara 'bir ek sınav hakkı' daha verilirdi, hayat okulunda bir fırsatı kaçırıp son vagona atlayamayanlar için 'tek fırsat hakkı' yok.

Hayatın kullanma kılavuzunu yanımıza almadan geliyoruz hayata. Nasıl yaşayacağımızı yaşarken öğreniyoruz. *Yaşamak istediğimiz* hayat, *yaşadığımız* hayat ve *yaşamamız istenen* hayatın iç açılarının toplamından 'ortaya karışık' bir hayat çıkarıyoruz kendimize.

Peki ana kumanda masasına bir uçağın pilot kabini kadar yabancı olduğumuz bu hayattan istediklerimizi ne kadar alabiliyoruz?

## Neden 'isteyen' herkes başarılı olamıyor?

Ne zaman kalabalık bir gruba konuşma yapsam hemen sorarım: *"Kimler başarılı olmak istiyor?"*

Katılımcıların % 99'u "ben" anlamında ellerini kaldırır. Gülümseyerek teşekkür ederim.

Ardından ikinci soru gelir: *"Peki sizce insanların yüzde kaçı başarılı, mutlu ve yaşadığı hayattan memnun? Yüzde kaçı hayal ettiği hayatı yaşıyor?"*

Gelen cevap: "% 5 ile % 10 arasında!"

Yaş, eğitim, cinsiyet fark etmeksizin aynı soru üç aşağı beş yukarı aynı cevabı getiriyor. Ne ilginç bir sonuç değil mi? *Bu kadar çok insanın istediği, bu kadar az insanın elde edebildiği başka ne var dünyada?*

Sosyal başarı, maraton yarışlarına benzer. Yarışın başında 100 kişinin 99'u kazanmak istediğini söyler, yarışın sonunda 10 kişi kalır. Peki kaybeden % 90'lık kesim nereye takılıyor?

Neden 'isteyen' herkes başarılı olamıyor? Dünyada daha çok başarılı insana *yer* ve *talep* varken, neden bu kadar az 'başarılı' insan var?

Bu sorulara bulduğum cevaplar beni bu kitabı yazmaya zorladı.

Daha fazla başarılı olmak istemeniz sizi bu kitaba getirdi.

Başarıyla randevunuza hoş geldiniz!

## İnsanları başarısızlık bölgesinde durduran ne?

Yıllar önce bir gün, bir tatil köyünde seminer için konuşma sıramın gelmesini bekliyordum. Birden aklıma bir soru geldi.

*İnsanların çoğu başarısızdı, mutsuzdu, yaşadığı hayattan memnun değildi ama bu durumu değiştirmeye dönük güçlü bir çaba içerisinde de değildi. Bu insanları durduran neydi?*

Seminer başlar başlamaz katılımcılara sordum:

Hayatta başarılı olmak *istiyor* musunuz? Evet!

Başarılı olmak için *neler yapmanız gerektiğini* biliyor musunuz? Evet!
Bunları *niçin yapmanız gerektiğini* de biliyor musunuz? Evet!
İsterseniz *nasıl yapabileceğinizi* biliyor musunuz? Evet!
Yapmamakla *neler kaybettiğinizi* biliyor musunuz? Evet!
Yaparsanız *neler kazanacağınızı* biliyor musunuz? Evet!
O halde sizi durduran ne?!!!
Dışarıdan ellerine kelepçe takan olmadığına göre, insanların içinde olup da ellerini kollarını bağlayan neydi?
Bir süre sonra cevabı buldum: *Atalet!*
Ataletin kelime anlamı 'eylemsizlik hali'dir. Bir insan bir işi yapması gerektiğini biliyor, niçin yapması gerektiğini biliyor, isterse nasıl yapabileceğini biliyor, yapmazsa ne kaybedeceğini biliyor, yaparsa ne kazanacağını biliyor ama yine de yapmıyorsa, o kişi atalet halinde yaşıyor demektir.

Yaklaşık beş yıl araştırmalar yapıp *ataleti yenmek* hakkında Türkçe'deki ilk kitapları yazdım. Niçin ataleti yenmek bu kadar önemli? Çünkü rekabet üzerine kurulu yeni dünya düzeninde atalet halinde yaşayarak hayatta kalmak imkânsız.

Ataleti Yenmek Dizisi'nin sloganı olan bir Afrika atasözü bu gerçeği mükemmel açıklar: *"Afrika'da her sabah bir ceylan uyanır. En hızlı aslandan daha hızlı koşması gerektiğini, yoksa ona yem olup öleceğini bilir. Afrika'da her sabah bir aslan uyanır, en yavaş ceylandan daha hızlı koşması gerektiğini, yoksa açlıktan öleceğini bilir. Aslan ya da ceylan olmanızın önemi yok, yeter ki her sabah kalktığınızda koşmanız gerektiğini bilin."*

## Cam tavan sendromu

Bu kitapta neyin peşindeyim?
Atalet, insanların *yapabilecekleri* ve *yapmaları gereken* bir şeyi yapmamalarıydı. Peki insanların *neyi yapabileceğine* olan inancını belirleyen şey neydi?
İnsanların hayal gücünün tavan yüksekliğini belirleyen nedir?

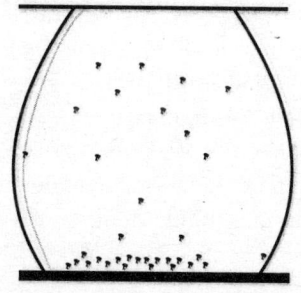

Kişisel gelişim kitaplarında sıklıkla anlatılan bir 'pire deneyi' vardır. Bilim adamları pirelerin farklı yükseklikte zıplayabildiğini görür. Birkaçını toplayıp 30 cm yüksekliğindeki bir cam fanusun içine koyarlar. Metal zemin ısıtılır. Sıcaktan rahatsız olan pireler zıplayarak kaçmaya çalışır ama kafalarını tavandaki cama çarparak düşerler. Zemin de sıcak olduğu için tekrar zıplarlar, tekrar başlarını cama vururlar. *Pireler camın ne olduğunu bilmediklerinden, kendilerini neyin engellediğini anlamakta zorluk çekerler.* Defalarca kafalarını cama vuran pireler sonunda o zeminde 30 santimden fazla *zıpla(ya)mamayı* öğrenirler.

Artık hepsinin 30 cm zıpladığı görülünce deneyin ikinci aşamasına geçilir ve tavandaki cam kaldırılır. Zemin tekrar ısıtılır. *Tüm pireler eşit yükseklikte, 30 cm zıplar!* Üzerlerinde cam engeli yoktur, daha yükseğe zıplama imkânları vardır ama buna hiç cesaret edemezler. *Kafalarını cama vura vura öğrendikleri bu sınırlayıcı 'hayat dersi'ne sadık halde yaşarlar.* Pirelerin isterlerse kaçma imkânları vardır ama kaçmazlar. Çünkü engel artık zihinlerindedir. *Onları sınırlayan dış engel (cam) kalkmıştır ama kafalarındaki iç engel (burada '30 cm'den fazla zıplanamaz' inancı) varlığını sürdürmektedir.* Bu deney canlıların *neyi başaramayacaklarını nasıl öğrendiklerini* göstermektedir.

Bu pirelerin yaşadıklarına *'cam tavan sendromu'* denir. İş dünyasında, özellikle kariyer planlama konuşmalarında yaygın olarak kullanılan bir deyimdir bu. Bir insanın gelebileceğine inandığı en üst nokta, onun cam tavanıdır.

*Kendi hayatımızla o pirelerin hayatı arasında ne gibi benzerlikler var dersiniz? Sizin cam tavanınız ne kadar yüksek? Bu limiti kafanızı neye vura vura kendi kendinize koydunuz?*

Hepimizin bir cam tavanı var. Cam tavanımız, yükseklere

tırmanmaya çalışırken karşılaştığımız engeller, 'acı tecrübeler' ve başarısızlıklardan öğrendiğimiz, bize *neyi yapamayacağımızı* gösteren tavan limitlerimizdir. Bu tavan limitlerimizi öğrenirken ne kadar acı çekmişsek, o limitlere o kadar sadık yaşarız. Hayatta gelebileceğinizi sandığınız en yüksek yer sizin cam tavanınızdır. Sizin iç üst limitinizdir. Cam tavanınız hayallerinizin tavan yüksekliğini gösterir. İnsan inandığına denktir. Yapabileceğini düşündüğü kadardır.

## Sizin cam tavanınız ne kadar yüksek?

Cam tavanınızın yüksekliğini şimdi tespit etmeye ne dersiniz? Soru basit: *Hayatta yükselebileceğinizi sandığınız en üst nokta neresi?*

Varsayalım bir şirkette satış elemanısınız. Hayatta gelebileceğiniz en üst kariyer noktası neresidir? Borcu olmayıp ihtiyacı kadar kazanan bir satıcı olmak mı? Ekibin en çok ciro yapan üyesi olmak mı? O satış ekibinin yöneticisi olmak mı? Sektördeki en büyük şirketin en çok ciro yapan üyesi olmak mı? Ülkedeki en büyük şirketin CEO'su olmak mı? Sektördeki en büyük şirketin sahibi olmak mı? Ülkenin en zengin işadamı olmak mı? Asya'nın en büyük işadamı olmak mı? Dünyanın en zengin ilk 100 işadamından biri olmak mı? Uygarlık tarihinde gelmiş geçmiş en büyük servetin sahibi olmak mı? *Kendinizi hangi lige layık görüyorsunuz?* Hayatta gelebileceğiniz en iyi yerin neresi olduğunu düşünüyorsanız, orası sizin cam tavanınızdır.

Ne ilginçtir ki, *pirelerin ilk başta kaçabileceklerine inançları vardı ama imkânları yoktu. Sonra imkânları oldu ama bu defa kaçabileceklerine inanmıyorlardı.* Hayatta da böyle değil midir? Yirmili yaşlarda hayallerimiz vardır imkânlarımız yoktur, kırklı yaşlarda maddi imkânlara kavuşuruz ama hayallerimizi unuturuz. Gençken iç engelimizi aşar, dış engele takılırız, zamanla dış engel ortadan kalkar, bu defa iç engellerimize takılırız. Meydan bulur, at bulamayız, at bulur meydan bulamayız!

Özetle, başarısız başarı denemelerimiz hayal gücümüzü hadım ediyor. Yenilgilerimizden öğrendiklerimiz sınırlandırıyor bizi. 'Acı tecrübelerimiz' zamanla zihnimizdeki en büyük *iç engelimiz* oluyor.

Bu deneyden mesai saati, maaş bordrosu, koltuk taksitleri, okul servis ücretleri arasında sıkışıp kalmış 'sanayi tipi Türk' hayatına çıkarılacak dersler nelerdir?

Bu sorunun cevabı bu kitabın konusudur.

## Yaşadığın hayat yaşayabileceğin en iyi hayat değil!

Nazım Hikmet'in 'en iyisini daha yaşamadık' temalı ünlü bir şiiri vardır.

*"En güzel deniz, henüz gidilmemiş olanıdır.*
*En güzel çocuk, henüz büyümedi.*
*En güzel günlerimiz, henüz yaşamadıklarımız.*
*Ve sana söylemek istediğim en güzel söz,*
*Henüz söylememiş olduğum sözdür."*

Nazım bu şiiri sevgilisi Piraye için yazdı ama sizin için de geçerli.

*Hayatta gelebileceğiniz en iyi yerde misiniz? Hayır!*
*Daha iyisini hak ettiğinize inanıyor musunuz? Evet!*
*Yaptıklarınız yapabileceklerinizin en iyisi midir? Hayır!*
*Aklınız daha başarılı işler yapmak için yeterli midir? Evet!*
*Bir insan bugüne kadar yaptıklarından ibaret midir? Hayır!*

Bir Alman atasözü, "Hayatı olduğu gibi kabul etmeliyiz ama kabul edilebilir hale gelmesi için de çaba göstermeliyiz," der. İnsanlar *ideallerindeki en iyi hayatı* yaşama mücadelesinden nasıl vazgeçer? Ya da neden vazgeçer?

İdealimizdeki hayattan nasıl kopup sıradan hayatlara razı olduğumuzu ilginç bir örnekle anlatmak isterim. Hindistan'da yabani bir fil yavrusu yakalandığında kalın bir zincir ile kalın bir ağaca bağlanır. Yavru fil kaçmaya çalışır ama kaçamaz. Zamanla kaçma denemelerini bırakır. O ağaçtan hiçbir zaman kurtulamayacağına inanır. *Esareti öğrenmiştir artık.*

Bu aşamada ayağındaki zinciri ağaçtan sökerek, bir odun parçasına bağlarlar. Yavru fil her yürüyüşünde o odunun peşinden geldiğini görünce, hâlâ o ağaca bağlı olduğunu ve hiçbir zaman bağlı olduğu ağaçtan kurtulamayacağını düşünerek kaçma girişiminde bulunmaz. Çevrede dolanır ama kaçmaz.

Başlangıçta yavru filin kaçabileceğine inancı vardır ama kaçma imkânı yoktur. İkinci aşamada ise kaçma imkânı vardır ama kaçabileceğine olan inancını kaybetmiştir. Çaresizliği öğrenmiş, kaçmasının kendi ellerinde olduğuna inanmamıştır. Bu, öğrenilmiş çaresizliktir!

### Öğrenilmiş çaresizlik nedir?

Öğrenilmiş çaresizlik, kişinin herhangi bir durumda çok sayıda başarısızlığa uğrayarak, bir şey yapsa da hiçbir şeyin değişmeyeceğini, olayların kendi kontrolünde olmadığını, o konuda bir daha asla başarıya ulaşamayacağını düşünüp, bir daha deneme cesaretini kaybetmesidir. Öğrenilmiş çaresizlik, geçmişteki acı deneyimlerden çıkarılan negatif şartlanmaların bugünkü davranışları belirlemesidir.

Daha önceki denemelerde karşılaşılan başarısız sonuçları, kendini sınırlayacak şekilde yanlış yorumlamaktır.

Öğrenilmiş çaresizlik hepimizin içinde az ya da çok vardır. Hepimiz bir şeyleri defalarca deniyor, yanılıyor, başaramıyoruz. *Sonra bir daha yanılmamak için, bir daha denememeyi öğreniyoruz.* Bu sırada şartlar değişiyor. Eğer denersek başarılı olabileceğimiz bir hale geliyor ama biz *ezberlediğimiz gibi yaşamaya* devam ediyoruz. Arazi değişiyor ama bizim *zihin haritamız* değişmiyor. Böylece *başarısızlığı öğrenmiş* oluyoruz.

Öğrenilmiş çaresizlik ve atalet, insanın potansiyelini kendinden çalıyor. Düşlerimizi çürütüyor. Özgüvenimizi eritiyor, cesaretimizi kırıyor. Aslanı kediye çeviriyor. Kazanmayı değil, kaybetmeye katlanmayı öğretiyor.

Öğrenilmiş çaresizlik ve atalet yüzünden başarısızlık bölgesini vatanımız, zirveleri gurbetimiz gibi görmeye başlıyoruz. İçimizdekini *söylemeyi* değil, kendi kendimize *söylenmeyi* öğreniyoruz. *Sorumluluk* almak yerine *suçlamaya* (ç)alışıyoruz. Başarısızlıklarımızın sorumluluğunu dışımızda arıyoruz. Kendi ayakları üzerinde durmayı ve *kendi kendine yetebilmeyi* beceremiyoruz.

## Kitabın konsepti nedir?

Bu kitabın başlangıç konuları, cam tavan sendromu, öğrenilmiş çaresizlik ve atalet halinde yaşamak. Bu üç kavramın ne olduğu, nasıl çalıştığı ve başa çıkmak için neler yapmak gerektiği anlatılıyor. Mesaj net: *Çaresiz değilsin, çaren sensin!*

Kitabın ikinci yarısı aşama aşama profesyonel başarı sürecini anlatıyor. Başarısızlık öğrenilmiştir. Başarılı olmak da öğrenilebilir. İkinci mesajımız: *Her şey seninle başlar!*

Bu kitabın hakkınızda üç iyi niyeti var:

1. niyeti, cam tavanınızı yükselterek hayatınızı 'bir beden' büyütmek.
2. niyeti, içinizdeki öğrenilmiş çaresizlik enkazını kaldırmak.
3. niyeti, ataletinizi yenip hayat amaçlarınızı gerçekleştirmek için *harekete geçmenizi* sağlamak.

Sizin şimdiye kadar hayatta gelebileceğiniz en iyi yere gelmediğinizi düşünüyorum. Siz geldiğinizi düşünüyorsanız sorun değil, okurken fikriniz değişir! *Yaşamak istediğiniz hayat ile yaşadığınız hayat arasında farklar olduğunu düşünüyorum.* Sizin düşüncelerinizi yeniden düzenleyerek, yeni bazı şeyler öğrenerek, daha başarılı işler yapıp, daha yükseklerde yaşayabileceğinize inanıyorum. Eğer tahminlerim doğruysa, güzel bir 'birlikteliğin' başlangıcındayız!

Bu kitap bir *kendi kendine yetebilme* kitabıdır. Kendi *ayakları üzerinde durmak*, başkalarına *bağımlı olmadan* yaşamak isteyenler için yazılmıştır. Kendini aşmak, *daha büyük yaşamak* isteyenler için bir yol haritasıdır. Sloganımız: *Hayatta ya tozu dumana katarsın ya da tozu dumanı yutarsın. Seçim senin!*
Kitapta önce neden insanların çoğunluğunun 'hayata tutunamayıp' başarısız olduğunu inceleyeceğiz. Sonra da bu durumun nasıl tersine çevrileceğini, iç ve dış engelleri aşma biçimlerini, başarılı olmanın nasıl öğrenilebileceğini göreceğiz. Çok sayıda örnekle, öğrenilmiş çaresizlik psikolojisini tanımanızı sağlayacağız. *Öğrenilmiş çaresizlik ve ataleti ne kadar iyi tanırsanız, onlardan o kadar hızlı kurtulabilirsiniz.*

Bu kitap onu okuduktan bir yıl sonra zirvede olacağınızı vaat etmiyor, ama *en az iki kez* okuduktan sonra kesinlikle *aynı kişi* olmayacağınızı taahhüt ediyor. Kitabı bitirdiğinizde, eminim okumaya başladığınız kişi olmayacak, olduğunuz yerde duramayacaksınız!

Kitapta, bilgi ile bilgeliği, soru ile cevabı, düşündürmek ile öğretmeyi dengeli bir şekilde vermeye çalıştım. 'Öğrenilmiş çaresizlik' teorisini kuran ünlü profesör Martin Seligman'ın görüşlerini de, *"Bu benim meselem derin mesele!"* diyen 'öğretilmiş çaresizliklerin efendisi' Müslüm Gürses'in şarkı sözlerini de inceledim. *Evrensel gerçekler kadar yerel değerlerimizi de dikkate alarak analizler yaptım.*

Bilimsel araştırmalar kadar, *bilgelik belgelerine* de yer vermeye çalıştım. Nüvide Tulgar'ın *'Kendi Kutup Yıldızını Bul'* adlı harika antolojisinden en güzel bilgelik öykülerini seçip aldım. Umuyorum, bu kitabım sizin *kutup yıldızınız*, hayat kılavuzunuz olur.

Bu arada neden kılavuz kitaplar yazdığımı soracak olursanız, Bernard Shaw cevabı biliyor: *"Bir işin nasıl yapılabileceğini biliyorken, bir başkasının yapamadığını görüp dilini tutmak imkânsızdır!"*

## Balık tutup vermek mi, balık tutmayı öğretmek mi?

Benim çocukluk kahramanım 'zenginden aldığını yoksula veren' garibanist kahraman Robin Hood idi. Üniversiteliyken bir gün kafamda Konfüçyüs'ün, *"Yoksul bir gence gerçekten yardım etmek istiyorsanız ona balık tutup vermeyin, balık tutmasını öğretin. Balık vererek bir öğün, balık tutmasını öğreterek bir ömür karnını doyurabilirsiniz,"* bilgeliği ile Robin Hood ruhunu birleştirdim. Bana ilham veren üçüncü söz Dr. Feldenkrais'in, *"Amacımız, imkânsızı mümkün, mümkünü kolay, kolayı da zarif ve zevkli yapmanın yollarını bulmaktır,"* özdeyişidir.

Üniversite öğrencisiyken kendime bir misyon tasarladım. *Başarılı insanların nasıl başarılı olduklarını inceleyecek, bunları anlaşılır ve uygulanabilir halde sistematize edecek, seminer ve kitap yoluyla başarılı olmak isteyenlere anlatacaktım.* Dünyada 'varlık nedenim' bence buydu.

Bunu yapmanın 'borcum' olduğunu düşünüyordum. Çünkü kaybedenlerin kazananlar üzerinde 'göz hakkı' olduğunu, başarılı insanların, başarmak isteyenlerle *en azından bilgilerini paylaşmaları gerektiğine* inanıyordum. Ayrıca bir mum başka bir mumu tutuşturmakla ateşinden bir şey kaybetmezdi. Bu kitap, bu ruha adanmıştır.

Bu kitap üniversite öğrencisiyken tasarladığım bir projeydi. Bu kitabın içinde bu *idealist genç ruhun* yansımalarını bulacaksınız.

10 yıllık kişisel gelişim uzmanlığı kariyerimde bulduğum en kullanışlı fikirlerin özetini bu kitaba koydum. Başarısızlıktan kurtulma ve *sürdürülebilir başarı* için bilinmesi gerekenleri, en damıtılmış halde size ulaştırmaya çalıştım. Başarı serüveninize 'yol haritası' sunmak istedim.

Bu kitabın ilk baskısını 100.000 adet yaptık. Böylece kendimizi bu bilgiyi çok sayıda insana ulaştırmaya mahkûm ettik. Çok uygun bir fiyatlandırmayla, her insanın bu bilgilere ulaşabilmesini sağlamaya çalıştık. Eğer bu kitabı beğenirseniz, çevrenizdekilere de *okumalarını önererek* ya da içindeki bilgileri hayata geçirip *aldığınız sonuçların yaratacağı etkiyle* daha çok insanın başarılı olmasını sağlayabilirsiniz.

## Bir kitap okudum hayatım gelişti!

Bu kitaptan en yüksek düzeyde faydayı sağlamak için ne yapmalısınız?

1. Kitabın iç bütünlüğünü anlamak ve parçalar ile bütün arasındaki ilişkiyi kurmak için başlandıktan sonra *uzun aralar vermeden* kısa sürede okunup bitirilmesi önerilir.
2. Bu kitabı en az *iki defa* okumanız önerilir. 'Konsantre' fikirler sunulduğundan anlamanın ötesinde sindirmek için iki kez okumak gerekiyor. En azından ilk okumanızda altını çizdiğiniz yerleri ikinci kez dönüp okuyun. Bir kitabın altını üstünü çizerek okumanın iki yararı vardır. Birincisi daha sonraki okumalarınızda, işaretlerinizden birkaç yıl önceki zihin düzeyinizi ve eğilimlerinizi anlarsınız. İkincisi, tekrar ederken, sadece altı çizili yerleri okursunuz.
3. Kitabı 'kullanarak' okumanız önerilir. Kitabı *aktif* bir şekilde okumalısınız. Sorulan soruları yazılı olarak cevaplamanız önerilir. Kendinize küçük bir 'kişisel gelişim günlüğü' açabilirsiniz.
4. *Stressiz, algılarınızın açık olduğu, dingin bir zihin durumunda okumanız önerilir.* Hafta sonu sakinliğini tercih edebilirsiniz. Zihinsel stresten kurtulmak için, birkaç saat uyuduktan sonra okuyabilirsiniz.
5. En çok başarılı olmasını istediğiniz üç kişiye bu kitabı okutmanız önerilir. Oluşturacağınız bu pozitif yaşam çevresi sizi de büyütecektir.

## Öğrenilmiş Başarısızlık: Kaybetmeyi Nasıl Öğreniriz?

Bir köpekbalığı aç halde bir akvaryuma konulur. Balık akvaryumun her yerinde yüzebilmektedir. Avlayacağı bir şeyler aramaktadır.

Sonra akvaryuma küçük bir balık konur. Köpekbalığı küçük balığı yemek için hemen harekete geçer. Çünkü açtır (motivasyon), küçük balığı yiyebileceğine inanmaktadır (özgüven) ve küçük balığı yemenin kendi ellerinde (kontrol) olduğunu düşünmektedir.

Küçük balığı yemek için ilk saldırısında kafasını ne olduğunu algılayamadığı sert bir şeye çarparak şok geçirir. Çünkü bilim adamları küçük balık ile köpekbalığının arasına *cam bir bölme* yerleştirerek onları ayırmışlardır! Köpekbalığı 'balık aklıyla' düşündüğünden camı görememekte ama kafasını çarptığında camı algılamaktadır.

Sonra bir daha dener, yine kafasını cama çarpar. Bir daha de-

ñer, tekrar aynı şeyi yaşar. Tanımlayamadığı bir şey hedefine ulaşmasına 'engel' olmaktadır.

Yaklaşık 48 saat sonra köpekbalığı küçük balığı yemek için uğraşmayı bırakır. Evrensel, 'Büyük balık küçük balığı yer,' kuralı işlememektedir. Büyük balık depresyona girmiş gibidir. Çaba harcamayı bırakmıştır. *Çünkü ne yaparsa yapsın o küçük balığı yiyemeyeceğine inanmıştır.*

Deneyin ikinci aşamasına geçildiğinde araştırmacılar aradaki *cam bölmeyi kaldırır.* Artık köpekbalığı isterse küçük balığı yiyebilecektir. Önünde hiçbir engel bulunmamaktadır. Çok da açtır!

Araştırma ekibi neler olacağını beklemeye başlarlar. Şaşırma sırası bilim adamlarındadır. *Çünkü köpekbalığı küçük balığı yemek için hiçbir şey yapmaz!* Küçük balığı kovalayıp büyük balığın alanına geçirirler ama yine de yemek için hiçbir hamle yapmaz.

Sonuç çok dramatiktir, büyük balık açlıktan ölmek üzere olmasına rağmen yine de küçük balığı yememiştir.

Köpekbalığı küçük balığı neden yemedi? 'Aç ama gururlu' olduğu için mi?

Bilim adamları köpekbalığının içine düştüğü ruh durumuna 'öğrenilmiş çaresizlik' demektedir. Öğrenilmiş çaresizlik, bir canlının *defalarca denediği halde* istediği sonucu alamaması durumunda, bir sonraki denemesinde *başarısız olacağını beklemesinden dolayı, deneme cesaretini kaybedip* hiçbir şey yapmaması halidir.

Bu hale *öğrenilmiş başarısızlık* da diyebiliriz. Köpekbalığı geçmişteki denemelerinde başarısız olunca, gelecekteki denemelerinde de başarısız olacağını *öğrenmiştir*. Bu durum bize milyarlarca insanın neden *başarısızlık halinde yaşadığı halde başarılı olmak için hiçbir şey yapmadığını* açıklıyor.

Öğrenilmiş çaresizlik *bir daha deneme cesaretini* kaybetmektir. Sürekli *başarısızlık korkusuyla* hareket etmektir. Kendine olan güvenini, 'başarabilirim' inancını kaybetmektir. Öğrenilmiş çaresizlik zihne takılı bir psikolojik kelepçedir.

Biz bu deneyden öğrenilmiş çaresizlik teorisinden daha fazlasını öğrenebiliriz. Bu dersler neler olabilir?

## Başarısızlık ve 'kaybeden olmak' öğrenilmiştir

*Başarısız olmak öğrenilmiştir.* Bizler de köpekbalığı gibi bazı şeyleri deniyoruz, kaybediyoruz, tekrar deniyor, tekrar başarısız oluyoruz. Yaptıklarımızın karşılığını alamayınca *hayal kırıklığı* yaşıyoruz. Başarısızlıktan korkup, bir daha hayal kırıklığı yaşamamak için başarıyı denemekten vazgeçiyoruz. Sonunda başarısızlığı bir *yaşam tarzı* olarak benimseyip, kendimizi 'kaybeden' olarak görüyoruz.

Başarısızlık eğitimi 'acılı derslere' dayanan, kafalar bir yerlere vurula vurula öğrenilmiş, duygusal yoğunluğu yüksek bir programdır. Paslı çiviler gibi, yerlerinden söküp atmak zordur. Beyinden silip atmak için çok güçlü bir *başarı eğitimi* gerekir.

Başarısız olmayı öğrenenler, öğrenmekle kalmaz, başarısızlık üreten zihniyetlerini *çevredekilerin beynine de yükleyerek*, onları da başarısızlığa sürüklerler.

Bilim adamları deneyin ikinci aşamasında, köpekbalığının oğlunu da akvaryuma koysaydı, 'güngörmüş' baba köpekbalığı oğluna ne derdi? "Evladım sen buralarda yenisin. Sakın şu balığı yemeye kalkma! Yüzüne bir şey çarpar, mahvolursun!"

*Baba köpekbalığı kendi önyargısını 'hayat dersi' diye oğluna da öğ-*

*retmeye çalışırdı.* Çocuk balık da *'biz babadan böyle gördük'* anlayışıyla yaşayan biriyse, hayatı boyunca babasının ötesine gidemezdi. Hayatta bazı şeyleri *bilmemek* bazen çok büyük avantajdır! Özellikle başarısız insanlardan alınmış başarı derslerini...

Başarılı insanlara ulaşıp onlardan *başarı bilgisi* almak pek kolay olmadığından, *kaybedenlerden öğrendiklerimizle* kazanmaya çalışıyoruz. Kılavuzumuz kaybeden olunca, kazanmak da kolay olmuyor tabii! Bu kitabı herkesin *birinci kalite başarı bilgisine doğrudan ulaşmasını* sağlamak için yazdım. Başarı bilgisine ulaşmada *fırsat eşitliği* sağlamaya çalıştım.

## İç engelleri aşamadan dış engeller aşılmaz

*Bir hedefe yürürken iki tür engel(leyici) ile karşılaşırız: Dış engel(leyici)ler ve iç engel(leyici)ler.* Örneğimizde cam dış engeldir; 'ben ne yaparsam yapayım o küçük balığı yiyemem' inancı ise iç engeldir. Engellerin yapısıyla ilgili üç noktayı bilmek önemlidir.

*Dış engelleri aşmak için önce iç engelleri aşmak gerekir.* Fiziksel engelleri aşabilmek için önce zihinsel engelleri aşmak gerekir. İç bariyerlerini aşamayanlar, dış engelleri aşmayı denemez bile, denese de aşamaz. Çünkü kişi kendinde tutuklu kalmıştır.

*İç engelleri aşmak dış engelleri aşmaktan daha zordur çünkü iç engellerimizi göremeyiz.* Deneylerdeki hayvanlar bir dış engel olan camı göremezler. Ancak insanlar dış engellerini çok iyi görebildikleri halde iç engellerini genellikle göremezler. *İnsanların dış engellerin üzerinden aşmasını engelleyen iç engelleridir ama iç engellerini göremedikleri için dış engelleri suçlarlar.* Daha çok içe değil dışa dönük yaşadığımız için, dış engelleri daha çok görürüz. Bu kitap zihninizdeki iç engellerinizi, *zihinsel bariyerlerinizi* size fark ettirmeye çalışacak. Tabii bunun için kitabı sonuna kadar okumanız gerekiyor! "Ben hiçbir kitabı başından sonuna okuyamadım," diyorsanız, bakın ilk iç engelinizle tanıştınız!

*Dış engeller kendiliğinden ortadan kalkabilir ama iç engelleri sizin zihninizden kaldırmanız gerekir.* Çevremizdeki dış engeller, dünyanın *her gün yeniden kurulması* ve hızlı değişim nedeniyle *kendiliğinden* ortadan kalkabilir ama iç engellerimiz (yapamam inancımız) ancak bizim *rızamız* ve *çabamızla* beynimizden silinebilir. İç dünyanızda kontrol sizde olduğundan *bilinçli ya da bilinçsiz izniniz* olmadan büyük değişiklikler olmaz.

Kısacası sınırlayıcı iç gerçeklerimiz (inançlar), sınırlayıcı dış gerçeklerden (fiziksel koşullar) daha çok etkiler bizi. Aşılamayan sınırları çoğu kez *şartlar* değil, *akıl* koyar.

Verdiğimiz örnekler bize 'engellenmişlik hissi'nin gücünü gösteriyor. *Hedefine ulaşması dışarıdan engellenen canlıların, kendi içlerinde inşa ettikleri 'iç engellerle' nasıl da kendilerini dış engelleri aşamaz hale getirdiklerini* anlatıyor. Sizi engelleyen *'dış güçlerle'* uğraşmayı bir süreliğine bırakıp 'içinizdeki işbirlikçileri'ni tanımaya ne dersiniz?

## Arazi değiştikçe zihindeki haritayı güncellemek gerekir

*Dil psikolojisiyle ilgilenenler dış dünyayı arazi, iç dünyamızı ise haritaya benzetirler.* Hayat, insanlar ve başarı hakkındaki tüm düşüncelerimiz birer haritadır. Biz hayat arazisinde, zihinsel haritalarımızla yol alırız ya da yolda kalırız.

Deneyin birinci aşamasında köpekbalığı avını *gerçekten* yiyemeyecek durumdaydı. Ancak ikinci aşamada cam kaldırıldı, yiyebilecek duruma geldi. *Şartlar (arazi) değiştiği halde, köpekbalığının fikirleri (harita) değişmedi. Eğer iç inançlarınız dış gerçeklere uymuyorsa, düşüncelerinizin son kullanma tarihi geçmiş demektir.* Köpekbalığının zihin haritasının o kısmının son kullanma tarihi geçtiği halde, onu kullanmaya devam etti. Sonucu biliyorsunuz.

*Köpekbalığının en büyük hatası, arazi değiştiği halde haritasını güncellememesiydi.*

Zihin haritalarını sık sık güncellemeyenlere gündelik dilde 'eski kafalı' ya da 'dinozor' denmektedir.
*Her sabah dünya yeniden kurulur! Her sabah şartlar yeniden oluşur. Her gece kader ihtimalleri yeniden düzenler.* Dün olmayan bugün olabilir hale gelir, bugün olabilen yarın olamayabilir. Her gün ihtimallere 'yoklama çekmek' gerekir. Bildiklerinizin son kullanma tarihine, en az marketten aldığınız süt kadar dikkat edin lütfen!

## İnancı varken imkânı yok, imkânı varken inancı yok

Bu köpekbalığının hayatından çıkarılacak en önemli derslerden birinin *inanç-imkân ilişkisi* olduğunu düşünüyorum. Deneyin birinci etabında, köpekbalığının küçük balığı yiyebilme *inancı* vardı ama yiyebilme *imkânı* yoktu. İkinci etapta ise tersine, küçük balığı yeme *imkânı* vardı ama bu defa da yiyebileceğine dair *inancı* yoktu. Yapabilirim *inancı* ile yapabilme *imkânı* bir araya geldiğinde başarı doğar.

Genç yaşlarda büyük işler yapabileceğimize inancımız vardır ama imkânımız (para, yetki, şirket, vs) yoktur. Zamanla imkânlarımız artar, çeşitlenir ama bu defa 'büyük adam' olabileceğimize dair inançlarımızı kaybetmiş oluruz. Başarı için hem inanç hem imkân gereklidir çünkü ikisi de tek başına yeterli değildir.

Bu deney bize *sınırlayıcı inançların gücünü* ve *cesareti kaybetmenin bedelini* gösteriyor. Köpekbalığının 'nasıl yapılır' sorunu yoktu, küçük balığın nasıl yenebileceğini biliyordu. Köpekbalığının 'niçin' sorunu da yoktu, neden yemesi gerektiğini de biliyordu. Küçük balığı yeme isteği, onu yiyebilme yeteneği, onun nasıl yeneceğine dair deneyimi vardı. Olmayan tek şey, 'bir daha deneme' cesaretiydi. *Cesaretinizi kaybettiğinizde ne kadar çok şeyi kaybettiğinizi görebiliyor musunuz?*

## Başarısızlığı kendinize açıklama biçiminiz başarı limitinizi belirler

Köpekbalığının kaderini belirleyen şey, kafasını cama her vuruşundan sonra yaşadıklarına verdiği anlamdı. *İnsanları başarılı ya da başarısız yapan şey, deneyip de sonuç alamadıkları zaman kendi kendilerine yaptıkları iç konuşmalardır.* Bu iç konuşmalarda söylenenler kişinin yürüdüğü yoldan vazgeçmesine, yola kararlılıkla devam etmesine ya da esneklik gösterip başka bir yol aramasına neden olabilir.

Bu deney *başarısızlığı kendine açıklama biçiminin gücünü* göstermektedir. İlerleyen bölümlerde, "Bu iç konuşmayı nasıl yaparsak, öğrenilmiş çaresizlik ve atalet yaşamayız?" sorusunun cevabını bulacaksınız.

*Sınırsız sayıda denemeyi göze alabildikten sonra, başaramayacağınız şey sayısı çok azdır.* Başarısızlığa giden bütün yolları yürüdükten sonra başarının adresini daha kolay bulabilirsiniz. Tabii öğrenilmiş çaresizlik ve atalet bataklığına saplanmayıp yürümeye devam edebilirseniz!

## Deneyen kaybedebilir ama denemeyen zaten kaybetmiştir

Bu örnek *başarısızlık beklentisinin gücünü* de gösteriyor. Köpekbalığı bir sonraki denemede başarısız olacağına inandığı için denemedi. Kendince *'akıllılık'* etti! Sonuç alamayacağı bir şey için zaman, enerji ve çaba harcamadı. Kendi gözünde daha fazla *aptal durumuna düşmek* istemedi! Kendini daha fazla hayal kırıklığına uğratmak istemedi.

Fakat unuttuğu bir şey vardı: *Denediğiniz zaman kazanabilir ya da kaybedebilirsiniz, ama denemediğinizde kesinlikle kaybetmişsinizdir.* Buna *piyango kuralı* diyebiliriz. Piyango bileti aldığınızda büyük ikramiye size çıkabilir ya da çıkmayabilir ama bilet almadığınızda kesinlikle size çıkmaz!

Çoğumuz köpekbalığı gibi deneyince kaybetme ihtimalinden dolayı bir daha denemiyoruz ama dememenin de bir maliyetinin olduğunu unutuyoruz. *Uzun vadede hiçbir şey yapmamanın kaybettirdikleri, bir şeyler yaparak kaybetmekten çoğu kez daha fazladır. Özellikle de kaybedecek fazla şeyi olmayanlar için!*

## Bu deneyden çıkarabileceğimiz diğer dersler neler?

*Kaybeden doğulmaz, kaybeden olunur.* İnsanlar kaybetmeyi köpekbalığının yaşadığı gibi kafalarını engellere vura vura öğrenirler.

*Kontrol inancı kaybolunca, kadercilik anlayışı başlar.* Kişi çevresindeki şartları kontrol edemediğini görünce, kendini bırakır. *Böylece şartların onu daha kolay kontrol edebileceği hale gelir!* Köpekbalığı, diğer balığı yiyemeyeceğini görünce, depresyona girmiş, kendini bırakmıştır. Böylece o balığı hiç yiyemeyecek hale gelmiştir.

*Ödül yoksa emek yoktur.* İnsanlar ihtiyaç duyduklarını almaksızın uzun süre gayretli bir şekilde çalışmazlar. Çabasının karşılığını alamayan balık, *ödülsüz çabayı* sürdürmemiştir. (Bu kısmı patronunuza okutabilirsiniz!)

Milyonlarca insan başarılı olmak istediğini söyler ama başarılı olmak için ciddi bir çaba harcamaz. *Bu insanların sürekli başarısızlığın sonuçlarından şikâyet ettikleri halde başarılı olmak için samimi bir çaba içerisinde olmamasının nedenlerini artık anladığınızı sanıyorum.*

Köpekbalığı nasıl düşünebilirdi? Daha doğrusu siz o köpekbalığının durumuna düşmemek için her sabah kendinize ne sormalısınız? Defalarca denediğiniz halde her defasında başarısız olduğunuz bir konuda, her sabah kendinize üç soru sorabilirsiniz.

1. Bende değişen bir şey var mı?
2. Çevremdeki şartlarda değişen bir şey var mı?
3. Hedeflediğim şeyde bir değişiklik var mı?

Sizin içinizde, çevrenizde veya hedeflediğiniz kişi veya işte bir değişiklik varsa, hemen bir daha şansınızı deneyebilirsiniz. Hiçbir değişiklik yoksa ne yapmalı? Bir, kendinizi değiştirmek, önünüzdeki engelin üzerinden aşacak şekilde kendinizi geliştirmek elinizde. İki, yolunuz tıkalı olabilir ama yönünüz tıkalı olamaz. Aynı amaca giden yeni bir yol arayın, bulamadıysanız yeni bir yol açın.

Bu deneyden 'kendı adınıza' ne gibi dersler çıkarabileceğinizi de düşünmelisiniz. *Sizin köpekbalığı gibi 'kafanızı vura vura' öğrendiğiniz 'sınırlayıcı' hayat dersleriniz neler?* Sizin 'öğrenilmiş çaresizlik' yaşadığınız durumlar neler?

## Ulusal 'öğrenilmiş çaresizlikler antolojisi'nden üç örnek

Biz Türklerin köpekbalığına benzer *öğrenilmiş çaresizlik hallerimiz* neler?

İlkokulda matematiğe çalışır çalışır, geçemeyiz. Sonra 'hoş geldin öğrenilmiş çaresizlik'. Müfredattaki matematik her yıl değişir ama *bizim kafamızdaki matematik* değişmez. Matematik 'milli' öğrenilmiş çaresizliğimizdir!

Kentli 'özgür kadınlar'ın *hayatının aşkını arama serüveni* genellikle öğrenilmiş çaresizlikle biter. Aşkın mutluluk getireceği inancıyla, aşka açık yaşarlar. Birinci, üçüncü, dokuzuncu sevgilide de 'mutluluğu bulamayıp' ayrıldıktan sonra, "Bunların hepsi aynı," deyip, 'aşka tövbe' ederler. *"Prensimi bulmak için daha kaç kurbağa öpmem lazım!"* diye söylenirler. Hayatlarını aşka kapatırlar. Bir gün 'Bay Doğru' kapıyı çalar ama kapı şiddetle yüzüne çarpılır. Bu da bir öğrenilmiş çaresizliktir.[1]

Bazılarımız üniversiteye hazırlanıyoruzdur. Kazanıp kazanamayacağımızı *hemen* görmek isteriz. Hazırlığın daha ikinci ayında hemen deneme sınavlarına girer, kazanabileceğimizi görmek isteriz. İstediğimiz sonucu göremeyince, *"Zaten kaybedeceğim, bari çok çalışmayayım da emeğim boşa gitmesin!"* akıllılığına kaçarız.

Öğrenilmiş çaresizliklerimizin geniş listesini 'öğretilmiş çaresizlik' bölümünde okuyabilirsiniz. Sırada öğrenilmiş çaresizlik teorisinin temelinde yer alan ilginç ve kapsamlı bir araştırmanın detayları ve *öğrenilmiş çaresizliğin bilimsel temelleri* var.

## Bilimsel Temeller: Köpekler 'Çaresizliği' Nasıl Öğrendi?

Ünlü profesör Martin Seligman ve arkadaşları 1960'lı yılların ortalarında, herhangi bir deneye tabi tutulmamış 24 tane köpek aldı ve onları üç gruba ayırdı.

Birinci gruptaki köpeklere 'kaçış grubu' (escape group) adını verdi ve bir kabinin içerisine yerleştirip ayaklarına zararsız ama yüksek voltajlı elektrik şoku uyguladı.

Bu gruptaki köpekler kabindeki bir düğmeye dokunarak elektrik şokunu kesme imkânına sahiptiler. Eğer 30 saniye içinde düğmeye basılamazsa elektrik şoku kendiliğinden kesiliyordu. *Bu köpekler düğmeye basmayı hızla öğrendiler ve gittikçe daha kısa sürede düğmeye basmayı başardılar.*

Bu gruptaki köpeklere şokun geleceğini önceden belirten herhangi bir *ayırt edici uyarıcı* verilmeksizin 64 şok verilmiş ve köpekler birkaç tekrardan sonra şoku durdurmayı öğrenmişlerdir.

İkinci gruba 'çaresizler grubu' (yoked group)[2] adı verildi ve bunlar 'kaçış grubu' ile aynı şartlarda elektrik şokuna maruz bırakılıyorlardı. *Ancak bu köpekler düğmeye bastıklarında elektrik şoku kesilmiyordu.* Bu köpeklere uygulanan şok süresi kaçış grubundaki bir köpeğe uygulanan kadardı. Kaçış ve çaresizler grubu aynı sürelerde şoka maruz kaldıkları halde çaresizler grubu düğmeye bassa bile şok kesilmediği için, *bu gruptaki köpekler 30 kadar denemeden sonra düğmeye basmaktan vazgeçtiler.*

Üçüncü gruptaki köpekler ise 'kontrol grubu'ydu ve herhangi bir şoka maruz kalmıyorlardı. Diğer köpeklerdeki değişim, bu 'hiçbir deneye maruz kalmamış' köpeklere bakılarak anlaşılacaktı.

Araştırmacılar 24 saat sonra tüm köpekleri kısa bir çitle iki bölmeye ayrılmış kapalı bir alana götürdüler. Deneyin ikinci aşamasına geçildi. Bu aşamada köpeklere 10 kez şok veriliyor ve köpeklerin bu 10 denemenin birinde *çitin üstünden karşı tarafa atlayarak şoktan kurtulacakları* umuluyordu.

Bu etapta köpeklere elektrik şokundan bir dakika önce *ayırt edici uyarıcı* olarak ışık veriliyordu. Elektrik şoku olan bölümden güvenli bölüme geçen köpekler şoktan kurtulabiliyordu.

*Kaçış grubu ve kontrol grubu kurtulmada hemen hemen aynı başarıyı gösterirken, 'çaresizler grubu' diğer gruplardan önemli ölçüde farklılık gösterdi.* Bu gruptaki 8 köpeğin 6'sı 10 denemeden sonra bile çitin üzerinden atlayıp şoktan kurtulamadı.

Bir hafta sonra ise bu 8 köpeğin 5'i hâlâ 10 denemenin herhangi birinde karşıya atlamayı beceremiyordu. Bu gruptaki köpeklerin %75'i neredeyse karşıya hiç atlayamıyor, %62'si ise yedi gün geçmesine rağmen hâlâ başarısızlıklarını sürdürüyorlardı.

*Deneyin sonuçları ikinci gruptaki köpeklerin 'çaresiz olmayı öğrendiklerine' işaret ediyordu.*[3]

## Sahte çaresizlik ve gerçek çaresizlik

Bu deneyden sonra Martin Seligman, S. Maier ve C. Peterson 'Öğrenilmiş Çaresizlik' diye bir kavramı ortaya attılar. Bu deneyler psikoloji literatüründe devrim yapmış, bilişsel terapinin davranışçı terapiye üstünlüğünü sağlamıştır.

Seligman, teorisini şöyle özetler: *"Ne zamanki bir kişi yaptığı hiçbir şeyin bir fark yaratamayacağına inanırsa, çaresizliği ve hiçbir şey yapmamayı öğrenecektir."*

Öğrenilmiş çaresizlik, kişinin herhangi bir durumda çok sayıda başarısızlığa uğrayarak, o konuda bir daha asla başarıya ulaşamayacağına inandığı zihin durumudur. Kişi ne yaparsa yapsın sonucun değişmediğini, engelleri hiçbir şekilde aşamadığını, istediği sonucu almanın *kendi ellerinde olmadığını* düşündüğünde, çaresiz olduğunu öğrenir ve herhangi bir şey 'yapmamayı' (atalet) seçer.

*Hayatımızda bazen maruz kaldığımız gerçek çaresizlikler ile öğrenilmiş çaresizlik durumu aynı şey değildir.* Gerçekten çaresiz olmadığımız halde, çaresiz olduğumuzu *sanarak*, çözebileceğimiz bir sorunumuzu çözmek için hiçbir şey yapmadığımızda 'öğrenilmiş çaresizlik' yaşıyoruz demektir.

Öğrenilmiş çaresizlik ile ilgili anlattığımız tüm deneylerin birinci aşamasında *gerçek çaresizlik*, ikinci aşamasında *sahte çaresizlik* durumu söz konusudur. Çaresiz olduğunuzu düşündüğünüzden, çözüme götüren bir yol olduğu halde siz onu göremiyorsanız bu, *sahte* çaresizliktir. Köpeklerle yapılan deneyde de ilk aşamada *gerçek bir çaresizlik durumu* oluşturuldu. İkinci aşamasında ise *sahte bir çaresizlik durumu* söz konusuydu.

O halde kritik nokta, hangi sorunun çözülebilir, hangisinin çözülemez olduğuna *karar* vermektir. Bir insanın gerçekten çaresiz durumda olup olmadığına karar vermesi pek kolay değildir. Özellikle de çaresiz durumdayken! Fuzuli'nin deyimiyle, *"Akıntıya kapılan, kıyıyı yürür sanır."*

Çaresizlik duygusu yaşayanlar düşünmeli: *"Gerçekten çaresiz durumda mıyım, yoksa çaresiz olduğumu mu düşünüyorum?"*[4]

Bütün ihtimalleri taramadan, "Kurtuluş yolu yok!" dememek gerekir.

## Mücadele gücünü çökertme ve çaresizlik eğitimi

Seligman ve arkadaşlarının çaresizler grubundaki köpeklere kurduğu *psikolojik tuzak* neydi? Deneyin birinci aşamasında köpeklere elektrik şoku verilirken, bununla başa çıkmalarını sağlayacak *hiçbir yol* bırakılmadı. Onlara kendi hayatlarını etkileyen ama *engellenmesi kendi ellerinde olmayan* bir durum yaşattılar. Sorunlarından kurtulmak için hiçbir çözüm bulamayan köpekler, acıdan *kaçmak* yerine ona *katlanmaya* karar verdiler.

Deneyin ikinci aşamasında elektrik şokundan kaçabilecekleri bir düzenek içine konulup ne yapacakları gözlendi. Köpekler kaçma imkânları olsa da, kaçmak için hiçbir şey yapmadılar.

Çaresizler grubundaki köpekler neden deneyin ikinci aşamasında elektrik şoku verildiği halde kaçmadı? Çünkü ilk aşamada onlara *çaresizleştirme eğitimi* uygulandı. Mücadele güçleri ve *başarı duyguları* yok edildi. Başarısız olduklarını *kabullenmeleri* sağlandı.

Deneydeki önemli noktalardan biri, köpeklerin yaşadıkları çaresizlik durumunun kaynağına dair *mantıklı bir açıklama* bulamamalarıdır. *Köpekler çektikleri acıyı yaptıkları ya da yapmadıkları bir şeye bağlayamıyorlardı.* Kaçsalar da, yatsalar da hiçbir şey değişmiyordu. Elektrik şoku verilmeye devam ediyordu. Çektikleri acının *mantıklı ve anlamlı bir nedenini* bir türlü bulamıyorlardı. Bu anlamsızlık da onları önce çaresizliğe, sonra eylemsizliğe iten önemli bir nedendir.

Köpekler bu süreçte *hayatları üzerindeki kontrol duygularını* kaybettiler. Kontrol duygusu, "Çevremde olan, beni rahatsız eden bir şeyi, yaptıklarımla etkileyerek değiştirebilirim," inancıdır. Kontrol duygusu kaybı, insanlar için güçlü bir kaygı nedenidir. İnsanlar bu kaygıyı çoğu kez *kadercilik anlayışıyla* dengeler. Kontrol duygularını kaybedince, *"Zaten insan hayatı kontrol edemez ki,"* diye düşünüp, kişisel sorumluluktan sıyrılıp, kendilerini iyice 'olayların akışına' bırakırlar. Politik propaganda yoluyla toplumlarda da bu tür *pasiflik psikolojisi* oluşturulabilir. Kitleleri koyunlaştırmanın en etkili yolu, öğrenilmiş çaresizlik psikolojisini yaygınlaştırmaktır.

## Aklın ofsayt pozisyonları: Problem, çözümü görememekten doğar

İnsanın gerçek çaresizlik mi, yoksa sahte çaresizlik mi yaşadığına karar vermesi kolay değildir, demiştik. Çünkü sahte çaresizliği üreten de, onu gerçek çaresizlikten ayıracak olan da insan zihnidir. Peki, insan zihni deney dışındaki dünyada sahte çaresizliği nasıl üretir?

*İnsan zihni herhangi bir problem durumunda bildiği (algıladığı) çözüm seçenekleri içerisinden en iyisini seçer.* Peki ya var olan ama *algılanmamış* seçenekler? Herhangi bir durumda çok sayıda seçenek varken, ya onları göremiyorsak? Ya tıkanma önümüzdeki yollarda değil, zihnimizdeyse?

Geleneksel 'düz mantık'la akıl yürütme tarzını kullanan insanlar hayatın sunduğu neredeyse *sınırsız seçenekleri* göremezler. Bu yüzden *yollarının tıkalı olduğunu* düşünüp çaresizlik psikolojisine kapılırlar. Öğrenilmiş çaresizlik, önünde hiçbir seçeneğin olmadığını düşünmektir. Oysa gerçekte *'güneşin doğduğu her ufukta, umuda giden bir yol bulunur!'*[5]

Her zaman kullandığımız mantık yürütme biçiminden dolayı yaşadığımız sorunları, ancak *o mantık kalıbının dışına çıkarak* çözebiliriz. Çıkmaz sokağa girip çıkar yol arıyorsanız, yapmanız gereken ilk şey o sokaktan geri çıkmaktır. Einstein *"Bir sorun, onun üretildiği andaki zihin düzeyinde kalınarak çözülemez,"* der.

Bu *akıl tutulmasını* bazen çok basit ve komik şekilde yaşarız. Bir arkadaşım bir bankanın bir şubesine müdür olmayı hayat hedefi olarak seçmiş, beynini buna şartlandırmış, tüm denemelerine rağmen sonuç alamamış, son bir umutla bana gelmişti. Ona gerçekten ne istediğini sordum: "Şube müdürü olmak sana ne kazandıracak?"

"Saygınlık ve güvenli bir hayat," dedi.

"Bu iki şeyi sağlayan diğer 10 meslek veya makamı yaz, yarın gel!" dedim.

Arkadaşım çok şaşırdı! Çözüm bu muydu yani? Bir gün sonra 34 maddelik listeyle geldi. Bir yıl sonra çok saygın bir işi ve bir banka şube müdürünün iki katı maaşı vardı. Aklınızı çıkmaz sokağa sürüp sonra da 'yolum tıkalı' diye söylenmek yerine, zihninizi geri vitese takıp *temel varsayımlarınızı sorgulamaya* ne dersiniz?

Çoğu durumda çaresizlik hiçbir seçeneğin olmamasından değil, *kapalı akıl* nedeniyle *açık seçeneklerin* görülememesinden kaynaklanır. Tıkanıklık doğada değil, aklımızdadır.

Yaşlı adam hapisteki oğluna mektup yazar: "Patates ekmek için tarlanın kazılması gerekiyor. Yaşlı ve hastayım, yapamıyorum. *Yanımda olsaydın, ne iyi olurdu...*"

Oğlu mektubu okur ama hapistedir. Bu 'gerçek çaresizlik' durumunda yapılacak bir şey yok gibi görünmektedir.

Neyse ki, genç adam bizim gibi düşünmez. Hemen babasına cevap yazar: *"Baba, sakın tarlayı kazma, cesetleri oraya gömdüm!"* Polis mahkûmun mektubunu okuyunca hemen harekete geçer, cesetleri bulmak için tüm tarlayı kazar. Fakat ceset bulamaz!

Birkaç gün sonra yaşlı adam oğlundan bir mektup daha alır: *"Baba, bu şartlarda elimden gelenin en iyisini yaptım!"*

Aşılamaz görülen engelleri *zekâ* ve *yaratıcı düşünce* gücüyle aşmak, *yaratıcı başarı* tarzıdır. Yaratıcı başarı eldeki imkânlara bağlı olmadığı için, çok sınırlı imkânlarla sınırsız sonuçlar aldırabilir. Hiçbir şeyiniz yok ama engelleriniz çoksa, zekânız tek sermayenizdir. Engelleri aşmak için aklınızı kullanmayı öğrenin. *Aklınızın önünüze koyduğu iç engelleri aşmak için bile aklınızı kullanmanız gerekiyor.*

*Aklımızın ikametgâhı beynimizdir.* Beynimiz en değerli organımız olduğu için, vücudumuzun en üst kısmına konulmuştur. *Tabii bir de önümüzü daha geniş görüp, kaplumbağadan hızlı ilerleyebilelim diye!*

Sıkıcı olmak pahasına, çok sayıda öğrenilmiş çaresizlik örneğini anlatmamın nedeni, iç engellerinizi her açıdan görmenizi sağlamak.

İç engellerimiz sadece 'ben yapamam' inancından ibaret değildir. Düz mantıkla düşünme alışkanlığı da çeşitli şekillerde bizi çözümsüz yollara düşürür. Akıl yürütme biçimimizdeki körlükleri görmek için körlerle konuşmak çok yararlıdır!

Hayatımdaki en büyük çuvallamam, bu duruma bir örnektir. Gözleri görmeyen şarkıcı Metin Şentürk'e bir sohbette sordum: "Anadolu'ya konsere gittiğinizde otel odalarındaki elektrik düğmelerinin yerini nasıl buluyorsun? Öyle garip yerlere koyuyorlar ki, ben gördüğüm halde bulamıyorum." Ne 'mantıklı' soru değil mi?

Şentürk'ün cevabı beni bitirdi: *"Ben ışıkları yakmıyorum ki! Bir kör niye ışık yaksın?"*

## Korkunun kendisi korkulan şeyden daha fazla zarar verir

*Öğrenilmiş çaresizlik, öğrenme ile korku arasındaki ilişkiyi de açıklar.* Öğrenilmiş çaresizlik başarısızlığa uğrama korkusu nedeniyle hareketsiz kalma durumudur. Öğrenilmiş çaresizlik içinde yaşayan kişilerde yoğun bir *başarısızlık beklentisi* görülmektedir.

İnsan niçin denemekten korkar? Kaybetmekten korktuğu için! Çaresizliği öğrenmiş kişiler sürekli, "Bir daha başarısızlığa uğramamak için ne yapmalıyım?" sorusuna cevap arar. Buldukları cevap ilginçtir: "Hiçbir şey yapmamak!" Ama ironik şekilde hiçbir şey yapmamak uzun vadede en büyük başarısızlık nedenidir. Sezen Aksu'nun bir şarkı sözüdür: *"Garanticisin, korkuyorsun!"*

*"İnsanların çoğu kaybetmekten korktuğu için sevmekten korkar,"* der Shakespeare. "İnsanlar sevilmekten korkuyor, kendisini sevilmeye layık görmediği için. Düşünmekten korkuyor, sorumluluk getireceği için. Konuşmaktan korkuyor, eleştirilmekten çekindiği için. Duygularını ifade etmekten korkuyor, reddedilmekten ürktüğü için. Yaşlanmaktan korkuyor, gençliğinin kıymetini bilmediği için. Unutulmaktan korkuyor, dünyaya iyi bir şey vermediği için. Ve ölmekten korkuyor, dolu dolu yaşamadığı için."

Geçmişteki başarısız sonuçlara takılıp kalmayın. *Eğer bizi yaratan sürekli geçmişimize bakarak yaşamamızı isteseydi, gözlerimiz ensemizde olurdu!* Geçmişteki başarısızlıklarımızı sürekli gözümüzün önünde tutmak isteseydi, şakaklarımıza *dikiz aynası* koyardı! Geçmişteki başarısızlıkları ne unutun ne de büyütün. Geçmişin kötü izlerinin geleceğinizi şekillendirmesine izin vermeyin.

## Öğrenilmiş çaresizlik aklı zayıflatır

Öğrenilmiş çaresizlik üç şeyi zayıflatır: Akıl, istekler ve duygular! Öğrenilmiş çaresizlik insanlarda üç önemli yetersizliğe (veya bozukluğa) neden olur: Motivasyonel (motivational) zayıflama, entelektüel (cognitive) zayıflama ve duygusal (emotional) zayıflama.

1. *Öğrenilmiş çaresizlik yaşayanlar önce tutkularını kaybederler.* İstediğini elde etmenin kendi ellerinde olmadığını gören insanlar, kendi isteklerine karşı ilgisizleşirler. İsteyerek yaptıkları davranışlar azalır, *mecburi oldukları için* yaptıkları davranışlar artar. Bir devlet dairesine gittiğinizde gördüklerinizin açıklaması budur.
2. *Öğrenilmiş çaresizlik yaşayanların akılları ve düşünme yetenekleri de zayıflar.* Bunun nedeni olaylar karşısında akıllarını kullanmanın sonucu değiştirmeyeceğine inanmalarından dolayı, sorunlarını çözmek için beyinlerini fazla kullanmamalarıdır. Birinci aşamada akıllarını kullanarak elektrikten kurtulamayan köpekler, ikinci aşamada sorunlarını çözmek için akıllarını kullanmamayı seçmişti. Kaçma davranışı ile elektrik şokunun kesilmesi arasında bir bağlantı olmadığına inandıklarından, yeni fırsatı göremiyorlardı.

Öğrenilmiş çaresizlik psikolojisinde uzun süre yaşayan bir kişinin *davranışları ile sonuçlar arasındaki bağlantıyı görme yeteneği* zayıflar. Bu yüzden *davranışlarının sonuçlarına* karşı özensizleşirler. Bu kişiler kendi iradi seçimlerine değer vermezler. Müebbetten hapis yatanların kendilerine 'kader kurbanı' demelerinin de, gazetelerde okuduğumuz incir çekirdeğini doldurmayacak nedenlerle işlenen cinayetlerin de nedeni seçimlerinin sonuçlarını görememektir.

3. *Öğrenilmiş çaresizlik durumunda yaşayanların duyguları da zayıflar.* Uzun süre acı çeken, ondan kurtulmak için çabaladığı halde başaramayan insan, o acıyı kabullenir, onunla yaşamayı öğrenir. Yaşama sevincini kaybeder. Köpekler, ikinci kutuda kaçarak kurtulma imkânları varken acıdan (elektrik şoku) kaçmayı istememiştir.

*Öğrenilmiş çaresizlik canlıları sadece psikolojik olarak değil, biyolojik olarak da çökertmektedir.* Bir araştırmada birer dakika arayla kafesine 5 saniyelik elektrik şoku verilen bir kobay farenin, başlarda panik olurken, sekseninci defadan sonra hiç hareketsiz şoku aldığı görülmüştür. 'Acıların faresi' acılardan kurtulmak için çabalamak yerine *acıyla yaşamayı* öğrenmiştir. Bu deneyde 80. elektrik şokundan sonra farenin biyolojik savunma mekanizmasının bile çalışmamaya başladığı, sadece psikolojik değil, biyolojik olarak bile *tepkisizleştiği* gözlenmiştir.

## Bir amaca ulaşması sürekli engellenen insanlarda ne gibi değişiklikler olur?

Engellenmişlik hissi yaşayanların tepkileri türlü türlüdür. Bazı insanlar engellenince kendine zarar vermeye başlar, bazıları başkalarına zarar verir, bazıları depresyona girer, bazıları ise hayal dünyasına sığınır.

1. *Otomatik depresifler:* Bazı insanlar aşılamaz zorluklarla karşılaşınca içine kapanır ve depresyona girer. Bu gruptakiler her durumdan depresyon çıkarırlar! Bu insanları içlerindeki alıngan, kırılgan ve incinmiş bir çocuk yönetir. Dış engellerden bile kendilerini suçlarlar. "Ben ne yaptım da bana bunu yaptılar?"

2. *Olağan öfkeliler:* Bu gruptakiler engellerle karşılaştığında agresifleşir ve çevresine şiddet uygular. Gariban ama gururlu, kesintisiz sinirlidirler. Sürekli söylenir, birilerini suçlarlar, öfkelerini ilgisiz kişilere yönlendirirler. Patronları zam yapmaz, gidip eşlerini döverler.
3. *Komplo teorisyenleri:* Bu gruptakiler önlerine çıkan her engelde paranoya yapar, kendilerine *komplo* kurulduğunu düşünürler. Engeli nasıl aşacaklarını düşünmek yerine, *o engeli yola kimlerin koyduğunu* bulmaya çalışırlar. Engelleyen hakkında genellikle *bilgileri* yoktur ama 'niyet okuma' yoluyla birilerini suçlarlar. Ankara usulü politik analizlerde sık kullanılan bir tarzdır.
4. *Kısmetçiler:* Bu grup ise karşılaştığı ilk engelde hemen kader/kısmetçiliğe yönelir. İstediğine ulaşamamışsa 'kısmetinde' olmadığı içindir. Yürekten inandıkları kısmet teorisini doğrulayacak bir olay yaşadıkları için çok da mutludurlar!
5. *Kararlı arılar:* Azmin zaferine inananlardır. Denemekten yılmazlar. Sonuç alıncaya kadar ısrarla denemeye devam ederler. Kararlılığın ve ısrarın gücünün her şeye yeteceğini düşünürler.
6. *Kendini acındıranlar:* Bu gruptakiler önlerine çıkan engelleri başkalarına kaldırtırlar. Bir engelle karşılaşınca hemen bir *kahraman* ya da *kurtarıcı* ararlar. İnsanların merhametini harekete geçirerek, onlardan istediklerini alırlar. *Gariban kredisi* kullanmayı, kendine acındırmayı iyi bilirler. Yetişkin kadınların erkeklerden yapılması zor bir şey istediklerinde beş yaşındaki sevimli kız çocuğu sesi kullanmaları bile bu modele dayanır.
7. *Bir yol daha varcılar:* Bu gruptakiler esneklik sihirbazıdır. "Bir insanı hedefine götüren yol göklerdeki yıldızların sayısı kadardır," derler. "Bir yol olmadıysa diğeri olur", "Atımızı alan yolumuzu da almadı ya," atasözünden ilham alır, bir yol bulamazlarsa yol açarlar.
8. *Arabeskleşenler:* İstediğini alamayınca küsüp mızmızlaşan,

içe dönüp kendini dünyaya kapatan, alıngan ve her şeyi 'gurur meselesi' yapan arkadaşlardır. Aslında küstükleri şey karşılarındaki kişi değil, kaderleridir. İçlerinde daima dönen bir plak vardır: "Ben insan değil miyim/ Ben kulun değil miyim/ Tanrım dünyaya/ Beni sen attın/ Çile çektirdin derman arattın/ Beni sen kullarına oyuncak mı yarattın!"

9. *Kendine zararlılar:* Bir engeli aşamayınca kendine zarar vermeye başlayanlardır. Kariyerinde hayal ettiği yere gelememiş bir sanatçının alkolik olması bu duruma bir örnektir. Uç bir örnek ise bazı fanatiklerinin konser sırasında Müslüm Gürses'e ulaşamayınca, kendilerini jiletlemeye başlamasıdır!

10. *Hayal dünyasına sığınanlar:* Hayallerindeki hayatı yaşayamayınca, *hayali bir hayat* yaşamaya başlayanlardır. Bu kişiler 'sert' gerçekler tarafından engellenince, 'soft' hayallere sığınır. Gerçekle ilişkilerini askıya alıp, kendi hayal dünyalarında, kendi ideal ve engelsiz evrenlerini yaratırlar. Sonra da kendi iç dünyalarına iltica ederler!

Engellenme karşısındaki biz Türklerin tipik tepki verme şeklimiz agresifleşmedir. Engellenince neden öfkeleniriz? Ya da kime öfkeleniriz? Birisi tarafından engellenince gücünü kötüye kullanan karşımızdakinden daha çok, *hakkımızı koruyamayacak kadar zayıf durumda olduğumuz için* kendimize kızarız. Yolumuza engel koyana sinirlenir, ona bir şey yapamayınca yön değiştirir, hiç ilgisi olmayanı döveriz. Araştırmalara göre çaresizlik psikolojisi en önemli şiddet kaynaklarından biridir.

Öğrenilmiş çaresizlik bir çeşit depresyondur. *Başlarına gelen her olayda kendini suçlayanlar açık, sürekli başkalarını suçlayanlar ise gizli (maskeli) depresyon yaşarlar.* Öğrenilmiş çaresizliğin sonuçları, depresyon belirtileriyle çok benzer. Kendine güven eksikliği, zayıf problem çözme yeteneği, dikkat eksikliği, umutsuzluk hissi gibi. Öğrenilmiş çaresizlik bilim dünyasında *depresyonu açıklayan bir model* olarak kabul edilmektedir.

## Bir insana çaresizlik nasıl öğretilir?

Öğrenilmiş çaresizlik üzerine başka deneyler de yapılmıştır. Köpekler üzerinde yapılan araştırmalar balıklar, fareler ve kediler üzerinde de yapıldığında benzer sonuçlar ortaya çıkmıştır. Aynı deneyler insanlar üzerinde de yapılarak, "Çaresizlik insanlara öğretilebilir mi?" sorusunun cevabı test edilmiştir. Bu amaçla Hiroto, köpekler üzerinde yapılan deneyi örnek alarak bir deney tasarlamıştır.

Önce deney için seçilmiş insanları üç gruba ayırmıştır. Birinci ve ikinci grubun bulunduğu yere *yüksek sesli gürültü* verilmesi, üçüncü 'kontrol grubu'nun odasına rahatsız edici ses verilmemesine karar verilmiştir.

Birinci gruptakiler (kaçış grubu) odadaki düğmeyi bulup bastıklarında, gürültü kesilmektedir. İkinci grupta ise (çaresizler grubu) odadaki düğmelerden hiçbiri gürültüyü kesememektedir. Gürültü yayını başladığında ilk gruptakiler düğmeyi bularak gürültüyü kesmiştir. İkinci gruptakiler çabalamalarına rağmen gürültüyü kesen düğmeyi bulamayınca, *bir süre sonra bu konuda çaba göstermeyi bırakmıştır.*

Deneyin ikinci aşamasında, üç grup yeni bir odaya konur. Yine şiddetli bir gürültü yayını başlatılır. Kontrol ve kaçış grubu, düğmeyi bulmak için çabalarken, *çaresizler grubunun hiç uğraşmadığı gözlenir.* Bu sonuç insanlara çaresizliğin öğretilebileceğini (ya da çaresizliğin insanlarca öğrenilebileceğini) göstermektedir.

*Bir sonraki bölüme geçmeden önce kendi durumunuzu değerlendirmeye ne dersiniz?* Hayatınızın hangi alanında -ilişkiler, kariyer, aşk, evlilik, para- denemeleriniz sonuçsuz kaldı? Siz kaç denemeden sonra 'bir daha denemekten' vazgeçiyorsunuz?

Buraya kadar 'öğrenilmiş' çaresizlik psikolojisini inceledik. Oysa Doğu toplumlarında çaresizlik daha çok 'öğretilmiş' bir yaşam tarzıdır. Bir sonraki bölümde başarısız denemeler yaşamadığı halde, içinde yaşadığı kültür ve çevre tarafından bireylere çaresizliğin nasıl yüklendiğini göreceğiz.

## 'Öğretilmiş' Çaresizlik:
## "Ahh Bi Elimden Tutan Olsa?"

İş hayatında işlerin nasıl yürüdüğünü özetleyen, çalışanların internet üzerinden birbirlerine gönderdikleri ünlü bir *beş maymun öyküsü* vardır.

Kafese beş maymun koyarlar. Ortaya bir merdiven kurarlar. Kafesin tepesine de iple muzları asarlar. Herhangi bir maymun merdivenleri çıkarak muzlara ulaşmak istediğinde, dışarıdan üzerine soğuk su sıkarlar. *Sadece merdivenleri çıkmaya çalışan maymun değil, diğerleri de bu soğuk sudan nasibini alır.*

Bütün maymunlar bu denemeler sonunda sırılsıklam ıslanırlar. Bir süre sonra muzlara doğru hareketlenen maymun *diğerleri tarafından engellenmeye* başlanır.

Sonra maymunlardan biri dışarı alınıp, yerine yeni bir maymun (adı 'A' olsun) konulur. A'nın ilk yaptığı iş muzlara ulaşmak için merdivene tırmanmak olur; fakat diğer dört maymun buna izin vermez ve *yeni maymunu döverler!*

Daha sonra ıslanmış maymunlardan biri daha yeni bir maymunla (adı 'B' olsun) değiştirilir. B de merdivene yaptığı ilk atakta dayak yer. *Bu ikinci yeni maymunu (B) en şiddetli ve istekli döven sonradan kafese giren ilk yeni maymun A'dır!!!*

Islak maymunlardan üçüncüsü de değiştirilir. En yeni gelen maymun (adı 'C' olsun) da ilk atağında cezalandırılır. Diğer dört maymundan ikisinin, (sonradan gelen A ve B) en yeni gelen maymunu (C) *niye dövdükleri konusunda hiçbir fikirleri yoktur!* Yine de şiddetle onu döverler!

Son olarak en başta ıslanan maymunların dördüncüsü ve beşincisi de yenileriyle (D ve E) değiştirilir. *Tepelerinde bir salkım muz asılı olduğu halde artık hiçbiri merdivene yaklaşmamaktadır.* Neden mi? Çünkü burada işler böyle gelmiştir ve böyle gitmelidir![6]

Bu olay size çok iyi tanıdığınız bir *ülkeyi, şirketi* ya da *aileyi* hatırlattı mı?

Tipik bir 'öğretilmiş çaresizlik' durumu ile karşı karşıyayız. Maymunlar çaresizliği öğrendi ve kendisinden sonra gelenlere zorla 'öğrettiler'.

Maymunlar 'birlik ve beraberlik içinde başarısız olmanın' iki kutsal şartını yerine getirdiler: *Düşündüklerini birbirlerine yaptırmadılar ve yaptıkları üzerine düşünmediler!*

## 'Öğrenilmiş' çaresizliğe karşı, 'öğretilmiş' çaresizlik

Kanaatimce Doğu kültürlerindeki çaresizlik anlayışını en iyi *'öğretilmiş çaresizlik'* kavramı anlatır. Prof. Dr. Martin Seligman Türk olsaydı, bulduğu kavrama *öğretilmiş çaresizlik* derdi!

Öğrenilmiş çaresizlik teorisinde bireyler deneme yanılma sonunda çaresizliği öğrenir. *Öğretilmiş çaresizlikte ise, kişi herhangi bir 'deneme yanılma' yaşamasa da, toplum tarafından bireye çaresizlik kültürü 'yüklenir'.* Mesela arabesk müzik güçlü bir öğrenilmiş çaresizlik aşılama aracıdır.

Öğretilmiş çaresizlik kültüründe, bireylere *neleri yapmamaları gerektiği* o kadar güçlü bir şekilde öğretilir ki, o kişi o alanda yeni bir denemede bulunmayı aklından bile geçirmez. Kişi deneyip yanılmadan 'doğuştan' kaybetmeyi kabul eder! *Batılılar deneyip yanılıp çaresizliği öğrenir, bizim toplumumuz çaresizliği doğar doğmaz bize öğretir ki, deneyip yanılmayalım! Bu kadar 'iyi kalpli' olduğumuz halde, bu kadar çaresizlikler içerisinde yaşamamızın temel nedeni budur!*

Koca bulmaktan iş aramaya, üniversite sınavını kazanmaktan vize başvurusuna hayatımızın pek çok unvan maçına *kaybetmeye hazırlanmış şekilde* çıkarız. Çünkü daha önce deneyip kaybetmiş birileri *sınırlayıcı önyargılarını* beynimize doldurmuştur. Öğretilmiş çaresizliğe 'bulaştırılmış başarısızlık bilgisi' de diyebiliriz.

### 'Gizli öğrenme' yoluyla edinilmiş çaresizlik

Çaresizlik öğretimi resmi okullardan daha çok kulaktan kulağa, yani *gizli öğrenme* yoluyla yapılır. *İki türlü öğrenme vardır: Açık öğrenme ve gizli öğrenme.* Açık öğrenme 'ne öğrendiğinin farkında olarak' yaşanan öğrenmedir. Okullarda bu tür eğitimler yapılır. Derste *ne öğrendiğimizi bilerek* bir şeyler öğreniriz. Oysa gizli öğrenme bir arkadaş sohbetinde, bir film izlerken, *bir şey öğrendiğimizin farkında olmadan* yaşadığımız öğrenmedir. Başarısızlık genellikle *gizli öğrenme* yoluyla öğrenilir.

Sözün özü, Doğu toplumlarında çaresizlik ve atalet genellikle deneye yanıla öğrenilmez; evde anne babadan, okulda öğretmeninden, kışlada komutandan, camide din adamlarından, sohbette en yakın arkadaştan öğrenilir.

Çaresizliğin anlamı da Doğu ve Batı kültüründe farklıdır. Öğrenilmiş çaresizlik Batı toplumları için *psikolojik bir problem*, Doğu toplumları için ise bir *kimliktir*. Doğu toplumlarında öğrenilmiş çaresizlik 'psikolojik bir arıza' olarak görülmez, bir *yaşam tarzıdır*. Dini inançların bir parçasıdır. Türküler onu anlatır, atasözleri onu öğretir. İçli şarkılar, romantik filmler onun üzerine kuruludur. Öğrenilmiş çaresizlik Doğu toplumlarında *normalleştirilmiştir.* Öğrenilmiş çaresizlik gelenektir, töredir. Öğrenilmiş çaresizlik tarihi, öğrenilmiş çaresizlik coğrafyası vardır.

Öğrenilmiş çaresizlik kaybedenlerin kimliği, kaderi, hayatı açıklama tarzı ve içinde yaşattığı hayat arkadaşıdır. *Doğu insanının içinden öğrenilmiş çaresizliği çıkardığınız zaman 'kendine ait bir parça'yı kaybetmenin hüznünü yaşar.* Hatta birçoğu onsuz nasıl yaşayacağını şaşırır çünkü onsuz hemen hemen hiç yaşamamıştır. *Ondan kopamaz çünkü en kötü günlerinde yanında hep o vardır!*

## Kadercilik mi, kontrolcülük mü?

Bu anlayış farkının kökeninde ne vardır? Batı kültürü daha çok *kontrolcü,* Doğu kültürü daha çok *kadercidir.* Hayatını kontrol etme güdüsüyle yetiştirilen bir Batılı, bunu *ideal yaşam durumu* olarak kabullenir ve bir gün *hayatı üzerindeki kontrolünü kaybettiğinde,* hemen *denetimi eline almak için* yoğun bir çaba içine girer. Çok sayıda denemeden sonra istediğine ulaşamazsa bir çeşit depresyon olan öğrenilmiş çaresizlik halinde yaşar.

Oysa Doğu toplumlarının hayata dair kültürel varsayımları tersinedir. *Doğu, doğanın kontrolüne değil, kaderin yaptığı kariyer planına teslim olmaya inanır.* Kendisini olayları kontrol etmeye adamak yerine, *olayların akışına bırakmayı* seçmiştir. Bir yaprak misali oradan oraya savrulurken, *kaderinin götürdüğü yere gitmekten* korkmaz. Hayatını etkileyen olayların kendi kontrolünden çıkması Batı insanı için kâbus, Doğu insanı için dümeni kadere bırakmaktır. "Görelim Mevlam neyler, neylerse güzel eyler!"

Zaten Doğulular insanın hayatını kontrol edip, seçimleriyle geleceğini istediği gibi biçimlendireceğine de çok fazla inanmaz. Bu nedenle hayat maçına fazla asılmaz, yaşarken topa *gelişine* vururlar. Doğu insanı kaderin *dekoderini* bulmuş, hayatı kendince çözmüştür: *"Her şey olacağına varır. Başa gelen çekilir. Kısmetinde varsa ayağına gelir."*

İslam dininin *kader inancı* ile Doğu kültürünün *kadercilik anlayışı* aynı şey değildir. Kadercilik anlayışı kader inancından önce de vardı! Kader inancında, kişi *elinden gelenin en iyisini yaptıktan sonra* sonucu Allahın takdirine bırakır. Kural, 'Gayret bizden, takdir Allahtan'dır. Kadercilik anlayışında ise kişi, elinden gelenin en iyisini yapma işini de Allaha havale etmiştir! Kural, 'Saldım kendimi çayıra Mevlam beni kayıra'dır.

Düşünün bakalım, neden başarı sürecinin her aşamasında içinde 'Allah' geçen bir kelime kullanırız?

İşe başlamadan önce, *"İnşallah,"* deriz.
İşe başlarken, *"Bismillah,"* deriz.
İşi yapmaktan vazgeçeceksek, *"Eyvallah,"* deriz.
İşi coşkuyla yapmak istediğimizde, *"Ya Allah,"* deriz.
İşi ölümüne bir kararlılıkla yapmak istediğimizde, *"Allah Allah,"* deriz.
İşi yaparken bir şeyler ters gitmişse, *"Feshübanallah,"* deriz.
İşi nezaketle yaparken, *"Estağfurullah,"* deriz.
İşi başarıyla sonuçlandırmışsak, *"Maşallah,"* deriz.
İşi başarısızlıkla sonuçlandırmışsak, *"Hay Allah,"* deriz.[7]

Ne ilginçtir ki, yapılan bazı araştırmalar, Doğu toplumlarının kadercilik anlayışı nedeniyle *daha az stres yaşarken,* Batı toplumlarında bireylerin 'hayatımdaki her şeyi kontrol altında tutmalıyım' çabasıyla yoğun stres yaşayıp, *hayat yorgunu* haline geldiklerini göstermiştir.

*Buna karşın Batı toplumlarının teknolojideki ilerlemesinin altında çevreyi kontrol felsefesi yatar.* Batı kültürü, yaşam çevresini kontrol etmek için 'aletler' üretmeye çalışır. Mesela klima cihazını icat ederek, yazın kış havasını, kışın yaz havasını yaşamak ister. Doğu insanı ise doğayı 'olduğu gibi' kabul eder! Batılılar doğayı *kontrol etmeye,* Doğulular ona *uyum sağlamaya* çalışır.

Başarısızlığa tolerans da Doğu ile Batı kültüründe farklıdır. *Doğu kültüründe bir insan başarısız ise 'kısmetinde' olmadığı içindir. Bu yüzden yadırganmaz, hatta 'gariban' diye kutsanır. Batı kültüründe ise başarısızlık o kişinin 'beceriksiz' olduğu anlamına gelir ve o kişinin 'yetersiz' olduğunu düşündürür.*

Bu yüzden bir Batılının başarısız olduğu için *çektiği acı* ortalama bir Doğuludan daha fazladır. *'Kısmet'* kelimesinin kıymetini bilelim! Dillerinde bu kelimenin olmaması yüzünden Avrupalılar çok fazla *başarısızlık acısı* çekiyorlar!

## "Kamyoncusun dediler, öğrenilmiş çaresizlik teorisinde yer vermediler!"

Bir kültürü okumak için bakılması gereken yerlerden birinin kamyon arkası yazıları olduğuna inanırım. Türk şoförlerin kamyon arkası yazıları öğrenilmiş çaresizlik anıtlarıdır. Aşağıda Türkiye'de yaygın olarak kullanılan bazı kamyon arkası yazıları ve onların öğrenilmiş çaresizlikle ilişkisini bulacaksınız.

- Öğrenilmiş çaresizlik genelleştirilmiş önyargılardır: *"Düşenin dostu olmaz!"*
- Öğrenilmiş çaresizlik insanların yaşam enerjisini tüketir: *"Bu alemin insanları bana müsaade!"*
- Öğrenilmiş çaresizlik yaşayanların yarışma motivasyonu düşer: *"Sataşma baba yorgun!"*
- Öğrenilmiş çaresizlik yaşayanlar başlarına gelene anlam vermekte zorlanır, yaşam şaşkınıdır: *"Hayat sen ne çabuk harcadın beni!"*
- Öğrenilmiş çaresizler, sık sık hak etmedikleri bir hayat yaşamaktan söylenirler: *"Zalim dünya aslanı kediye boğdurdun!"*
- Öğrenilmiş çaresizlik yaşayanlar kısa vadede çözüm beklentisinde değillerdir: *"Garibin çilesi ölünce biter!"*
- Öğrenilmiş çaresizlik yaşayanlar hayatları üzerinde denetimleri olmadığına inandıklarından, kendilerini, 'hava-

da savrulan yaprak' gibi metaforlarla ifade ederler : *"Yaprak dalından kopmuş bir kere, rüzgâra gerek yok!"*
- Öğrenilmiş çaresizlik yaşayanlarda kolay vazgeçme eğilimi yüksektir: *"Yaşamak buysa eğer, bırak üstü kalsın!"*
- Öğrenilmiş çaresizlik yaşayanların zihin iklimine egemen olan duygu 'hüznlü bir veda' halidir: *"İşte geldik gidiyoruz, şen olasın Halep şehri!"*
- Öğrenilmiş çaresizlik yaşayanlar hayatı arabesk yorumla algıladıkları için, 'sevdi mi tam seven, sildi mi bir kalemde silen', sevgileri de nefretleri de oldukça yoğun insanlardır: *"Vur hançeri sineme, bırak yaram kanasın, fazla inme derine, çünkü orada sen varsın!"*

Kamyon arkası yazılarında reddedilmelere ve acılara rağmen, yaşama sevincini kaybetmeyenler de yok değildir: *"Gönlünde yer yoksa fark etmez güzelim, ben ayakta da giderim!"*, *"Hasretinden ne lastikler eskittim!"*

## Hayatımız öğrenilmiş çaresizlikler antolojisi

Sadece kamyoncularımız mı, hepimizin *zihinsel arşiv kayıtlarında* farklı farklı öğrenilmiş çaresizlik dersleri mevcuttur. Defalarca denediğimiz ama sonuç alamayıp yenildiğimiz, tekrar bir cesaretle denediğimiz, yine yenildiğimiz, en sonunda denemekten vazgeçtiğimiz ne çok şey vardır. İşte farklı kesimlerden farklı kesitlerle, hayatımızdaki bazı öğrenilmiş çaresizlik halleri...

- *Yabancı dil kursuna yeni başlamışızdır.* Yeni kelimeleri ve kuralları öğrenir, unuturuz. Bir daha ezberleriz, bir daha unuturuz. Sonunda, "Kafama girmiyor," deyip, çaresizlik marşını okumaya başlarız! Bu aşamayı geçenlerin bazıları da ilk bir ayda öğrendiği 100 kelime ile New York Times okumaya kalkar. Hiçbir şey anlamayınca, "Yok, bu iş olmuyor!" diyerek vazgeçer.
- *Genç çiftimiz yeni evlenmiştir.* Kadın hemen kocasını *kafasındaki ideal erkek modeline göre yeniden biçimlendirmek* için hare-

kete geçer! Ona çoraplarını yere atmamasını, ev işlerine yardım etmesini, mutfakta salatadan daha fazlasını yapmasını ve özel günlerinde hediyeler almasını öğretecektir. Defalarca uğraşır, karşısındaki 'taşfırın erkeği'nin direnişiyle sonuç alamaz. Sonunda kadın kaderine küsüp onu 'olduğu gibi' kabul eder!

- *Bazen fazla kilolardan kurtulmuş halimizi hayal eder, sıkı bir rejim kararı alırız.* Çoğumuz kararı aldığıyla kalır, hiç başlamaz. Bazılarımız birkaç gün diyet yaparız. Sonuç alamayız. Başka bir diyet deneriz. Yine sonuç alamayız. Sonunda *niyetsizliğimizi* değil *diyetçileri* suçlar, "İşe yaramıyorlar, para tuzağı bunlar," deyip eski alışkanlıklarımıza aynen devam ederiz.
- *İşsiz kalınca iş aramaya karar veririz.* Yedinci görüşmeden de istediğimiz sonuç çıkmayınca, hemen olayı değiştirilmesi kendi elimizde olmayan makro ekonomik nedenlere bağlarız. "Ülkede % 13 işsizlik var! Ekonomi durgun," deriz. Ülkede 2 milyon işsizin olduğu doğrudur ama o gün iki bin kişinin yeni bir iş bulduğu da doğrudur!
- *Üniversite öğrencisi iken harçlığımızı çıkarmak için pazarlamacılık yaparız.* Elimize bir ürün verirler, üçüncü, beşinci, on yedinci, "Hayır, almıyorum!" cevabından sonra satıcılık kariyerimiz biter. "Millet bu malı almıyor kardeşim!" Oysa başka bir satıcı, aynı üründen aynı günde çok sayıda satış yapmıştır. Biz yapamadıysak 'yapılamaz'dır, öyle kendi eksiğimizi görebileceğimiz 'performans değerlendirme' gibi ince hesaplara gelemeyiz!
- *Sosyal demokratızdır.* '*Solda birlik*' *kurmak için, 567. denemeyi yaparız.* Bu da yeni bir bölünmeye neden olur! Eksisi artısını götürür, CHP'nin imajı Çaresiziz Hepimiz Partisi olup çıkar!
- *Üniversite öğrencisiyken sık sık 'memleketi kurtaracak' bir fikir gelir aklımıza.* İdealist bir tavırla fikrimizi yaymaya başlarız. 117. kişinin de, "Boş ver abi ya, memleketi sen mi kurtaracaksın?" demesiyle, başka bir fikir bulur, onu bırakırız! Oy-

sa Samsun'a çıktığında Mustafa Kemal'e de beraber ve solo söylenmeler korosu, *"Boş ver abi ya, kaç bin kişi denedi olmadı, bu memleketi sen mi kurtaracaksın!"* demişlerdi.
- Bazen siyasi *'eylem' yaparak 'tavır koymak'*, aktif bir yurttaş olmak isteriz. Bir gösteriye katılırız, biraz ıslanır, cop yeriz. İkinci, üçüncü gösteriden sonra hiçbir şeyi değiştiremediğimizi görür, pasif hayatımıza geri döneriz. Birisi hakkımızı yer, hakkımızı aramak için mahkemeye gideriz. Mahkeme üç yıl sonrasına gün verir. Hoş geldin öğrenilmiş çaresizlik!
- *En büyük öğrenilmiş çaresizliğimiz kendi milletimizi 'düzeltme' girişimlerinde defalarca başarısız olup, "Biz adam olmayız," diye havlu atmamızdır.* Bu konuda en son tartışmamız 'denize donla girilir mi, girilmez mi?' konusuydu. *Türk'ün Türk'ü modernleştirme projesi* en büyük öğrenilmiş çaresizlik örneklerimizdendir.
- *Çoğu kişinin kendi hayatını düzenleme çabası da öğrenilmiş çaresizlikle biter.* Her yılbaşında irade gücümüzü daha fazla kullanmaya, hayatı planlı yaşamaya, önce düşünüp sonra harekete geçmeye, öfkelendiğimizde tepki vermeden önce içimizden yirmi üçe kadar saymaya karar veririz. Yalan yok, birkaç kez de aldığımız kararlara uyarız ama bir süre sonra iç disiplinimiz çözülür, kararlarımız unutulur, eski halimize döneriz.

*Yaşamak istediğimiz* hayat bu değil. *Yaşamamız gereken* hayat da bu değil. Ama maalesef pek çoğumuzun *şu anda yaşadığı hayat* bu. Böyle yaşamak bizi ne hale getirdi?

## Öğrenilmiş çaresizlik psikolojisi içerisinde uzun süre yaşayan insanların ortak davranışları

Sırada öğrenilmiş çaresizlik ve atalet kültüründe uzun süre yaşayan insanların davranışlarında göze çarpan bazı *karakteristik özellikler* var. Bu tespitleri yaparken *'Türk Usulü Başarı'* kitabımı yazarken yaptığım araştırmanın verilerini de kullandım.

Türk insanının başarıya ulaşmasına engel olan bazı olumsuz özellikleri ile öğrenmiş çaresizlerin özellikleri arasındaki benzerlikler bakalım dikkatinizi çekecek mi?

*Öğrenilmiş çaresizlik kültüründe -girişteki maymun örneğinde olduğu gibi- 'kendi yapamadığını başkalarına da yaptırmama' davranışı çok yaygındır.* Aynı şekilde düşündüğünü yapmama (fiziksel atalet) ve yaptığı üzerine düşünmeme (zihinsel atalet) hali sık görülür.

*Hayatındaki eksik ve yetersizliklerden dolayı başkalarını suçlama eğilimi bir diğer özelliktir.* Pozitif yerine negatif düşünme eğilimi baskındır. Kişiler bir mum yakmak yerine karanlığa küfretmeyi, çözüme dönük düşünmek yerine sorunu köpürtmeyi tercih ederler.

*Öğrenilmiş çaresizlik kültüründe kurtarıcı bekleme eğilimi yaygındır.* Genç kızları beyaz atlı prens, dindarları kurtarıcı (mehdi), erkekleri kendisine 'babalık' yapacak politikacı ya da patron bekler.

*Öğrenilmiş çaresizlik kültüründe komplo teorilerine dayanan düşünme biçimi yaygındır.* Sonuçlara değil, gizli niyetlere bakılarak yorumlar yapılır. Sosyal olaylar akılla analiz edilmez, 'provokasyon' ve 'dış güçlerin oyunu' gibi laflarla açıklanmaya çalışılır.

*Öğrenilmiş çaresizlik kültüründe bilimsel düşünmek, neden-sonuç ilişkilerine inanmak yerine şansa ve tesadüflere inanma eğilimi fazladır.* Bu kültürde insanlar geleceklerini bugün yaptıklarıyla şekillendirdiklerine inanmadıkları için, falcılar gelecek bilimcilerden daha makbuldür.

*Öğrenilmiş çaresizlik kültüründe eylemlerinin sorumluluğunu üstlenmeme anlayışı egemendir.* Kendi iradi seçimlerinin sonuçlarını önemsemezler. İçinde bulunduğu durumun sorumluluğunu, kişisel kararlarına bağlamak yerine kendisi hakkında kaderin ya da başka kişilerin planlarına dayanarak açıklama eğilimi yaygındır.

*Öğrenilmiş çaresizlik kültüründe geçmiş merkezli yaşama anlayışı yaygındır.* Dikiz aynasına bakarak ileri doğru gidilmeye çalışılır! Geçmiş merkezli yaşamak yüzünden düşmanlıkların süresi daha uzun olur. Ülkeyi *canlılar* değil, *ölüler* yönetir! Geleceğe hazırlanmak yerine geçmişin problemlerini tartışmak tercih edilir. 50 yıl önce Afrikalılar da Avrupalılar da savaşıyorlardı. Afrikalılar hâlâ 'dedenin kanını yerde koma oğul' anlayışıyla savaşmaya devam ediyor. Avrupalılar ise geçmişi unutmuş, birlikte (AB) geleceği inşa ediyor. Geçmişi ne unut, ne büyüt.

*Öğrenilmiş çaresizlik kültüründe başarının kişinin kendi ellerinde olduğuna inanılmaz.* Bunun iki sonucu vardır. Birincisi, kişiler yetenek yerine ilişkilerine dayanarak yükselmeye çalışır. Bu da *bağımlı başarılara* neden olur. İkincisi, başarılı kişiler takdir edilmek yerine *kıskançlıkla* karşılanır. Başarının şans ve bazı ilişkilerle geldiğine inanıldığı için kişinin onu hak etmediği düşünülür.

*Öğrenilmiş çaresizlik toplumlarında insanlar enerjilerini gerçekleşmesi kendi ellerinde olan hedeflere harcamazlar.* Kendi işlerini iyi yapmak yerine, başkalarının neyi iyi yapamadığını görür, eleştirirler. İnşaat işçileri iyi evler yapmak yerine memleketi kurtarmaya çalışırlar, politikacılar ülkeyi en iyi şekilde yönetmek yerine inşaat işleri yapmaya çalışırlar!

*Öğrenilmiş çaresizlik kültüründe günlük konuşmalarda sık sık,* "Böyle gelmiş, böyle gider", "Bunu yapsan ne değişecek ki" *gibi sınırlayıcı genellemeler kullanılır.* Kendini küçük görme, özgüven düşüklüğü ve buna bağlı olarak *elinden gelenin en iyisini yapmama* eğilimi yüksektir.

*Öğrenilmiş çaresizlik kültüründe deneyime dersten daha fazla değer verilir.* "Biz babadan böyle gördük" anlayışı egemendir. Yenilik ve öğrenme yerine, *mevcut alışkanlıkları tekrarlama* eğilimi yaygındır. Babadan öğrenilmiş *sınırlayıcı genellemelere* sadakatle bağlanılır, akademik çalışmalar 'en iyi yaşayan bilir' denilerek önemsenmez, okulda öğrenilenler küçümsenir.

*Öğrenilmiş çaresizlik kültüründe paranoya psikolojisi egemen olduğundan dünya dost-düşman ekseninde algılanır.* Tarihten alınan dersler dahi düşmanlık ve intikam doludur. "Bizim bizden başka dostumuz yok" anlayışı egemendir. Korku kültürü egemendir. İnsanları *pozitif idealler* değil, *negatif korkular* 'birlik ve beraberlik' içinde tutar.

*Öğrenilmiş çaresizlik kültüründe imalı iletişim ve 'karından konuşma' çok yaygındır.* Öğrenilmiş çaresizlik psikolojisinde yaşayanlar arasında alınganlık çok yaygındır. Kişiler demek istediklerini açıkça söylemek yerine, "O kendini biliyor," imalarına yönelir, kızına bir şeyler söyleyerek gelinine bir şeyler anlatmaya çalışır. Ahmet Haşim "Türk söylemez, söylenir," deyişiyle bunu anlatmaya çalışır.

*Öğrenilmiş çaresizlik psikolojisinde proaktif motivasyon yerine reaktif motivasyon tarzı egemendir.* Birçok iş pozitif düşünce gücüyle değil, *nefret edilen birinin 'inadına'* başarılır. Kişiler, birileri tarafından *aşağıladığı için* yükselir. Komşuya kızıp ev sahibi olunur. Öfkenin enerjisiyle 'hırs yaparak' başarıya ulaşılır. İçten değil, *dıştan motive etmeli* insanlar çoğunluktadır. Aynı şekilde *iç disiplin* değil, *dış disiplinle* iş görme anlayışı egemendir. Başta çavuş olmadan iş yapılmaz!

*Eğer bu ülkede yaşıyorsanız, kariyerinizi bu topraklar üzerinde kuruyorsanız, bu 'acı' gerçekleri bilmeli ama teslim olmamalısınız.* Bu ülkede hayat 'Türk usulü' çalışıyor. 'Türk usulü iş yapma' ile ilgili yaptığım esprili tespitlere ve bazı 'acı gerçeklerimizi' anlatmama bakıp benim bu ülkeye inanmadığımı düşünürseniz yanılırsınız.

## Türk, öğren, geliş, güven!

*Ben bu ülkeye inananlardanım.* Yanlışlarımızı söylemem, doğrularımızı görmemi engellemiyor. Ben de bir Türk olduğum için, yaptığım her espri ya da eleştiride *kendimi* gösteriyorum! Kendi hatalarımıza gülebilmemiz, kendimize güvenimizi gösteriyor. *Dünyayı gezdim, kararımı verdim, Türk olmak güzel şey!*

Ben de sizin gibi inanıyorum ki, Türkiye şu anda *dünya liginde* gelebileceği en iyi yerde değil. Ataletimizi ve öğrenilmiş çaresizliğimizi yendiğimizde sıralamadaki yerimizin değişeceğine eminim. *Biz bu alt sıralara ait değiliz, daha üst liglerde asırlarca yaşadık.* Onlarca farklı milleti yüzyıllarca yönettik. *Bir kez yapabi-*

*len, bir kez daha yapabilir.* Tarihin tahterevallisinde yükselme sırası bir gün tekrar bize gelecek!

Galatasaray'ın UEFA kupasını kazandığı maçlarını evimde değil gidip varoş kıraathanelerinde izledim. Yabancılar karşısında elde edilen başarıların psikolojisini 'doğal ortamında' gözlemek istedim. Gördüm ki, Türk insanının içindeki *başarılı olma isteğinin şiddeti* en büyük sermayemiz.

Yükselmek için T.H.Y (Tutku, Hedef, Yetenek) şarttır. Tutkumuz yeterli, şimdi bu tutkuya bir hedef göstermek gerek. Bir de *işlerini dünya standardında iyi yapan yetenekte* insanlar yetiştirmemiz gerekiyor. Bu rüyaya inanıyorsanız, kendinizi başarılı yapmakla işe başlayın. *Türkiye'nin başarısı da seninle başlar!*

Son dönemde Türkiye'den sık sık 'dünya çapında' işler başaran insanlar çıkmaya başladı. Başarılı insanlar üzerindeki *'dünya çapında başarılı değilsen, başarılı değilsin'* baskısı bile gelecekteki ilerlemenin işaretidir.

## Öğretilmiş çaresizlikten korunma biçimleri

Tekrar dönelim çaresizlik psikolojisine. Deneyin ikinci aşamasında çaresizler grubundaki köpeklerin yanına yeni bir köpek gönderilseydi 'eskiler' ona ne derlerdi? *"Boşuna kaçmaya çalışma, bu elektrik şokundan kurtuluş yok!"* Öğrenilmiş çaresizliklerini yeni köpeğe hararetle öğretirlerdi. Yeni köpek eskileri değiştirebilir miydi? Zor ama imkânsız değil! Bir Amerikan atasözüdür: *"Yaşlı köpeğe yeni numara öğretilmez!"*

Başarı(sızlık) hakkında yaygın ve yanlış o kadar çok 'batıl inanç' var ki, seminerlerde bile başarı hakkında *doğru bilinen yanlışları* düzeltmekten *yanlış bilinen doğruları* anlatmaya zamanım kalmıyor.

*Öğrenilmiş çaresizliği unutmak zor olduğundan, çaresizliği hiç öğrenmemek en iyisidir.* Eğer ileri düzey öğrenilmiş çaresizlik yaşıyorsanız, çaresizlik ve başarısızlık hakkında bildiklerinizi unutun! Hatta *hayatın anlamı* hakkında bildiklerinizi de unutursanız iyi olur! Beyninizi boşaltın, boş bir arsa, *içinde harabe bulunan bir arsadan* daha değerlidir!

*Farkında olmak, her zaman çözüme giden ilk adımdır.* Kendi hayatınızı gözlemleyin. Öğrenilmiş çaresizlik yaşayan insanlar arasında mı yaşıyorsunuz? *Bu insanları bu duygudan çıkarmak için bu kitabı nasıl kullanabilirsiniz?* Onları değiştiremeyecekseniz, kendinize yeni bir yaşam çevresi nasıl kurabilirsiniz?

Önce kendi içinizdeki öğrenilmiş çaresizlik virüsünü temizleyin. Sonra da çevrenizdekilerin size 'hayat dersleri' diye kendi öğrenilmiş çaresizliklerini yüklemelerine izin vermeyin. *Tanıdıklarınızı ikiye ayırın: Çaresizlik savarlar ve çaresizlik yayarlar! Zamanınızı neyin, niçin yapılamayacağını değil, neyin nasıl yapılabileceğini anlatan insanlarla geçirin.*

İçinde yaşadığınız çevrenin size öğrenilmiş çaresizlik yüklemesine karşı uğraşmaktan bıktıysanız, "Savunmanın en iyi biçimi saldırıdır," diyerek siz onların 'beynini yıkamayı' deneyin. Bu kitabı onların *kafasındaki virüsleri temizleme programı* olarak kullanabilirsiniz.

İçinde yaşadığınız *toplumu* değiştiremeyebilirsiniz ama birlikte yaşadığınız *topluluğu* değiştirebilirsiniz. *Dünyayı* değiştiremeyebilirsiniz ama *dünyanızı* değiştirebilirsiniz. Kendinize yeni bir *yaşam çevresi* seçebilirsiniz. *Her ruh kendine benzer ruhlarla dünyaya gönderilir.* Onu bulması zaman alır ama kişinin çabası ölçüsünde bu süre kısalır. Sizin gibi düşünen, yaşayan, hisseden insanlar var. Onları bulmak için yollar da var. İnsanı istediğine götüren yolların sayısı, gökteki yıldızların sayısı kadardır. Yeter ki sen iste! *Her şey seninle başlar!*

Çevresindeki öğrenilmiş çaresizlikle yaşayan insanlara rağmen büyük işler başarmış çok sayıda 'başarı örneği' var. Çaresizlik derslerine karşı *bağışıklık sistemi güçlü* bu insanların stratejilerini 'Çaresizliği Öğrenemeyenler' başlıklı bölümde bulabilirsiniz. Şimdi sırada öğrenilmiş çaresizlikle başa çıkma yöntemleri var.

## Öğrenilmiş Çaresizlikten Kurtulmak: Başa Çıkmak İçin Neler Yapmalı?

Öğrenilmiş çaresizliğin tedavisi mümkün müdür? Prof. Dr. Martin Seligman *Learned Optimism* adlı kitabında bunun cevabını veriyor: *"Steve Maier'le birlikte öğrenilmiş çaresizlik yaratabileceğimizi bulmuştuk. Peki, bunu tedavi edebilecek miydik? Çaresiz olmayı öğrenmiş bir grup köpeği aldık ve bu zavallı, isteksiz hayvanları kutunun içinde ileri geri götürdük. Bölmeyi (çıtayı) tekrar tekrar aşırttık. Sonunda kendi kendilerine hareket etmeye başladılar ve tam anlamıyla tedavi oldular."*

Öğrenilmiş çaresizlik yaşayan o köpeklerin çitin öbür tarafa atlamalarını sağlamak için siz ne yapardınız? *Öğrendiklerini unutturmayı* mı denerdiniz? Diğer köpekleri atlatarak, *örneklerle* kendilerinin de yapabileceğini mi gösterirdiniz? Çitin öte yanına birkaç kemik (ödül) mü koyardınız? Daha çok elektrik şoku verip 'canlarını acıtarak' (ceza) harekete geçirmeyi mi denerdiniz?

Eylemsizlikten dolayı çekilen acının miktarını artırmak bazen işe yarar. *İnsanların çoğu bir şey yapmamaktan dolayı çektikleri acı, bir şey yaparken çekeceklerini sandıkları acıdan daha fazla olunca, hemen harekete geçer.*[8] Kaybetmenin acısı olmasaydı, bazı insanlar sırf *kazanmanın zevki için* harekete geçmezdi.

Belki de köpeklerin 'şefkate' ihtiyacı olduğunu düşünüp, onları gerçekten severek, onlarla oynayarak, onlarla beraber çitin üstünden atlayarak, onları harekete geçirmeyi denerdiniz.

Bu çözümler bazı kişilerde bazı oranda işe yarar ama *sevgi terapisi* çoğu zaman işe yarar.

Şimdi gelelim size. *Kendinize biraz şefkat göstermekle işe başlamaya ne dersiniz?* Şimdiye kadar yaptığınız tüm hatalar ve düştüğünüz sahte çaresizlik durumları için kendinizi *bağışlayarak* işe başlamaya ne dersiniz? Kitabın devamında bu kadar 'light' önerilerim olmayacak, bunu uygularsanız iyi olur!

Öğrenilmiş çaresizlikle başa çıkmanın, yapamayacağını düşündüğü bir şeyi bir insana yaptırmanın yolu, kişiden kişiye değişir. Hatta aynı kişide bile zamanla değişebilir.

*Bazı insanlar daha önce yapamadıkları bir şeyi şimdi yapabileceklerine inanmak için yeni şeyler öğrenmek ister.* Bu insanlara nasıl yapabileceğini en ince detayına kadar mantıklı bir şekilde anlatırsanız, onu yapabileceğine inanır ve yapmayı denerler. *Başka bir grup insan analiz(l)e inanır.* Engeller ile yeteneklerini karşılaştırmalı analiz edip, 'yapılabilirlik raporu' sunarsanız harekete geçer. *Bazıları ise örnek görmek ister.* Parmağınızla gösterdiğiniz yönü değil, topuk izlerinizi takip edenlerdir. Söylediğinizi değil, yaptığınızı öğrenirler. *Bu tarz insanlara kendilerine benzeyen birinin bunu yapabildiğini göstermeniz yeterlidir.* "Benim gibi biri yaptı, becerdi, ben de yapabilirim," diye düşünerek inanırlar.

*Başka bir grup insanın ise motivasyonu çevresinin, "Yapabilirsin," demesinden gelir.* Bu gruptakiler 'dıştan motivasyonlu' olduklarından, çok sayıda kişi, "Yapabilirsin," dediğinde, gerçekten yapabileceklerine inanırlar. Kemal Sunal'ın 'İnek Şaban' tiplemesi çevresinden aldığı onaydan cesaret alarak eyleme geçen insanlara karikatür bir örnektir. Çevresindekiler bıyık altından gülerek, "Yaparsın, aslanım!" dedikçe, o hep aynı şeyi söyler: *"Yaparım de mi?"*

## Öğrenilmiş çaresizlik, başarısızlığı yorumlama biçiminden doğar

*Öğrenilmiş çaresizlik başımıza gelen olayları yorumlama biçimimizden doğar.* Aynı durumun iki farklı yorumu, insanı öğrenilmiş çaresizliğe veya *öğrenilmiş başarıya* götürebilir. İnsanların başlarına gelen aynı olayı nasıl farklı şekilde yorumlayabildiklerini gösteren çok sayıda örnek vardır.

Afrika'ya iki ayakkabı pazarlamacısı gönderilir. Hiç kimsenin ayakkabı giymediğini görürler.

Kötümser: *"Burada hiç kimse ayakkabı giymiyor, ayakkabı satılamaz."*

İyimser : *"Burada hiç kimsenin ayakkabısı yok, herkese ayakkabı satabiliriz!"*

*Öğrenilmiş çaresizliğe düşmeyenlerin bakış açısına güçlü bir örnek Edison perspektifidir.* Ünlü mucit, ampulün içindeki teli bulmak için yaptığı denemelerde yüzlerce kez başarısız olduğunda, başarısızlığını 'başarıya götürmeyen yolları elemek' olarak görüp, *"Her denememde başarısız olmaya götüren bir yol buluyorum,"* diyebilmiştir. *Edison felsefesine göre, başarısızlığa götüren bütün yollar bitince geriye başarıya giden yol kalır!*

*Öğrenilmiş çaresizliği bir bilgisayar programına benzetebiliriz.* Beyninize yüklendiğinde ondan sonra, yüklenen tüm yeni programları ve yapılan tüm işlemleri *yavaşlatan* bir iç program. Bu programın en kritik fonksiyonu başımıza gelen olaylara verdiğimiz tepkileri etkilemesidir.

## Başarısızlığı nasıl yorumlarsak öğrenilmiş çaresizlik yaşamaktan kendimizi koruyabiliriz?

*Ders alınmış bir başarısızlık, başarıdan daha fazla işe yarayabilir.* Peki başarısızlığı nasıl yorumlarsak, ondan bizi başarıya götüren dersler çıkarabiliriz? Başarısızlığı nasıl yorumlarsak öğrenilmiş çaresizlik yaşamaktan kendimizi koruyabiliriz?

Başarısız olmamız değil, *başarısızlığımıza yüklediğimiz anlam* önemlidir. Başarısızlığımıza kendimizce bulduğumuz *nedenler*, bir sonraki defa benzer durumda ne yapacağımızı belirler.

Hayatta bir insanın başına gelebilecek çeşitli başarısızlık örneklerini bir düşünün. Latin danslarına gittiniz ama gösterilen hiçbir hareketi yapamadınız! Halı saha maçında çok güzel bir gol pozisyonunu kaçırdınız! Çok çalışmanıza rağmen matematikten sınıfta kaldınız! İş mülakatında kendinizle ilgili bir soruya çok aptalca cevap verdiniz! Sizi istemeye gelenlerin üzerine kahve döktünüz! Milletvekili yeminini ederken 18 kere okuduklarınızı karıştırdınız!

*Büyük bir çuvallamadan sonra yaptığımız ilk iş ona bir açıklama getirmektir. Bu açıklamaları önce kendimize yapar*, sonra kabul edilebilir olanları başkalarına da söyleriz! Ne gibi açıklamalardır bunlar?

1. Ben aptalın tekiyim.
2. O gün çok şanssızdım.
3. Başkaları bana tuzak kurduğu için olmadı.
4. Başka işlerde iyiyim ama bu işten anlamıyorum.
5. Özenmedim, olmadı.
6. Bir anlık dikkatsizliğime geldi.
7. Eğitimini almadan yaptım, olmadı.

Bu açıklamaların oluşturulma biçimi, öğrenilmiş çaresizlik kavramını bulan Martin Seligman ve arkadaşları tarafından çeşitli kriterlerle analiz edilmiştir. Bu kriterleri temel alarak, yaşadığımız bir başarısızlığı 4 soruyla yorumlayabiliriz.

1. Süreklilik: Geçici mi, kalıcı mı?
2. Kişisellik: Bireysel mi, evrensel mi?
3. Kapsam: Lokal mi, global mi?
4. Kaynak: İçsel mi, dışsal mı?

## Süreklilik: Geçici mi, kalıcı mı?

Başımıza gelen başarısızlığı yorumlarken birinci önemli nokta, bu durumun *geçici mi*, yoksa *kalıcı mı* olduğunu düşündüğümüzdür. Kendimize sorarız: *"Her zaman mı yapamam, yoksa bu defalık mı yapamadım?"*

Araştırma bulgularına göre, kişi başarısızlığını ya da engellenmişliğini *geçici* olarak görüyorsa, kalıcı olarak görenlere göre daha az olumsuz etkilenmektedir. "Bu defa yapamadım ama geçmişte yapmıştım, gelecekte daha iyisini yapabilirim," demek doğrudur. Bir atış basket olmadıysa, "Bu atışta anlık psikolojim nedeniyle başarısız oldum, bir sonraki denememde yaparım," diye düşünmek kişiyi öğrenilmiş çaresizlikten korur. "Ben hep kötü basket atarım zaten," ise öğrenilmiş çaresizliğe kesilmiş bilettir. Depresyona yatkın kişiler, başarısızlığın *sürekli* olduğunu düşünürler.

## Kişisellik: Bireysel mi, evrensel mi?

İkinci önemli nokta, başarısız olduğumuz işi *sadece kendimizin* mi yoksa *herkesin* mi yapamadığıdır. Bir işte başarısız olunca hemen kendimize sorarız: *"Bunu sadece ben mi başaramıyorum, yoksa herkes mi yapamıyor?"*

Araştırma sonuçlarına göre, kişi eğer başarısız olduğu şeyi *sadece kendisinin başaramadığını* düşünüyorsa özgüvenini kaybedip derin bunalıma girebiliyorken, *başkalarının da yapamadığını gördüğünde* kendisine olan saygısını ve güvenini koruyabilmektedir. Herkesin kaldığı bir matematik sınavında kalan üzülse de kendini *aşağılanmış* hissetmez.

Öğrenilmiş çaresizlik araştırmacılarına göre, çocuğu kanser olan bir baba onu iyileştirmek için her yolu dener ama sonunda çocuğu iyileşemez ve ölür. Bu baba üzülür ama özsaygısını kaybetmez, çünkü kansere kimse çare bulamamıştır. *Bu tür çaresizliklere evrensel çaresizlik denmektedir.* Hiç kimsenin yapamadığı bir şeyi başaramamış olmak evrensel çaresizlik halidir ve insanın özgüvenine olumsuz etkisi daha düşüktür. *Başka insanların yapabildiğini yapamamış olmak kişisel çaresizliktir ve insanın kendisine olan saygısını ve özgüvenini kaybetmesine, depresyona girmesine neden olur.* 'Evde kalmak' neden kötüdür? Başkaları evlenebildiği için!

## Kapsam: Lokal mi, global mi?

Başarısızlığı yorumlamada üçüncü önemli nokta, *sadece bir noktada* mı yoksa *her alanda* mı başarısız olduğumuzu düşündüğümüzdür. Bir işte başarısız olunca kendimize sorarız: *"Sadece bu işte/durumda mı başarısızım, yoksa her işte mi başarısızım?"*

Başarısız olunan durumun ne kadar 'genellendiği' çok önemlidir. İnsanlar başarısızlıklarını çok büyütüp gözlerini başarıdan korkutabilirler. Attığınız top basket olmadıysa, bu başarısızlığınızı nasıl yorumlayabilirsiniz? Küçükten büyüğe doğru *abartılı yorumlama* şekilleri: "Bu atışım kötüydü", "Bugün iyi oynayamıyorum", "Basketbolda iyi değilim", "Hayatta hiçbir şeyde iyi değilim", "Ben aslında aptalın biriyim", "Ben bu dünyada fazlalık biriyim". Bir durumda başarısız oldunuz diye onu genelleyip başarısızlığı, kaybeden olmayı bir *kimlik* olarak benimserseniz bu, kendini gerçekleştiren bir kehanete dönüşebilir.

## Kaynak: İçsel mi, dışsal mı?

Başımıza gelen bir başarısızlığı yorumlamada dördüncü önemli kriter, başarısızlığın kaynağını *içimizde* mi yoksa *dışımızda* mı aradığımızdır. Başarısızlık halinde hemen düşünmeye başlarız: "*İçten kaynaklanan (elimde olan) nedenlerden dolayı mı* yok-

*sa dıştan kaynaklanan (elimde olmayan) nedenlerden dolayı mı başarısız oldum?"*

Şans, sonucu etkileyen ama kontrolü bizde olmayan bir *dış* faktördür. Çalışma ise sonucu etkileyen ve kontrolü bizde olan bir *iç* nedendir. Dış faktörler kendi ellerimizde değildir ama iç faktörler kendi ellerimizdedir. Başarısız olduğumuz bir durumu kendimize ya da başkalarına açıklarken iç nedenlere mi yoksa dış nedenlere mi bağladığımız çok önemlidir.

Mesela attığınız top basket olmadıysa önünüzde iki şık var:
1. "Top girmedi," (şanssızlık) diyerek dış faktörleri suçlayabilirsiniz.
2. "Ben atamadım," diyerek (yeteneksizlik) kendinize bağlayabilirsiniz.

*Bazı insanlar her başarısızlıkta dış faktörleri suçlar.* En büyük rakiplerine yenilince, 'saha çamurluydu', 'hakem kötüydü', 'rüzgâr karşıdan esiyordu' edebiyatı yapan takımlar bu gruba örnektir. Böyle düşünenler kendi yetersizliklerini göremediklerinden kendilerini de geliştiremezler.

*İkinci bir grup ise her olumsuz sonuçta kendini suçlar.* Dikkat edin, *"Kendi sorumluluğunu görür,"* demiyorum, kendisini suçlar. "Ben aptalım," der. "Bizim takımdan bir şey olmaz," der. Böyle düşünenler de her başarısızlıktan sonra ağır bunalıma girer, uzun süre kendine gelemez, başarısızlıktan ders alıp onu başarıya çeviremez.

İdeal durum nedir? *Başkalarını da kendini de suçlamadan, sonucun nasıl ortaya çıktığını akılla analiz etmek ve bir sonraki teşebbüste başarısız olmamak için neler yapmak gerektiğini konuşarak işe başlamak gerekir.* Sürekli çevrenizi suçlamanız kişisel eksikliklerinizi ve başınıza gelene katkınızı görmenizi engeller. 'Dış güçleri' suçlayarak başarısızlıklarınızı kendinizden bile gizleyebilirsiniz ama bu sizi başarılı yapmaz! Şunu unutmayın, başkasını iyi suçlayabildiğiniz ölçüde hızlı yükselebileceğiniz bir tek meslek vardır: *Ana muhalefet partisi liderliği!*

Kendinizi ve başkalarını suçlamadan sorumluluk almayı öğrenmelisiniz. Öteki türlü önünüzde iki yol var: 1. Başarısız olur, bundan çevrenizi suçlar, ruhunuzu rahatlatır, ama *başarısız kalmaya devam edersiniz*. 2. Başarısız olur, bundan kendinizi suçlar, bunalıma girer, *başarısız kalmaya devam edersiniz*.

Her başarıda ve her başarısızlık durumunda dört soru sorulabilir: *Neyi doğru yaptık? Neyi yanlış yaptık? Neyi yapmamız gerektiği halde yapmadık? Neyi yapmamamız gerektiği halde yaptık?*

## Garantili bir şekilde bunalıma girip başarısız olmanın yolları!

Şimdi bu kriterleri toplu olarak ele alalım ve 'garantili bir şekilde başarısız olmak' için başımıza gelenleri *nasıl yorumlamamız gerektiğini* belirleyelim. Aşağıda önereceğim yolu kullananlar 'bonus' olarak, başkalarını bunalıma sokma imkânı da kazanacaktır! *Yorum biçimi bir seçimdir*. İster *depresyonu* seçersiniz, ister *motivasyonu*.

Garantili bunalım için, istediğiniz sonucu alamadığınız her denemenizi, "Ben hiçbir şeyi beceremem zaten," diye kendinize açıklayabilirsiniz! Böylece başarısızlığı *geçici* değil *kalıcı*, *dışsal* değil *içsel*, *değişebilir* değil *değişmez* nedenlere bağlayarak kendinizi başarıya bloke edersiniz.

Garantili bir şekilde bunalıma girmek için maruz kaldığınız kötü durumun açıklamasını kendinize geçici değil *sürekli*, herkesin başına gelen değil *sadece sizin başınıza gelen*, hayatınızın bir alanında değil *her alanında geçerli olan*, dıştan değil *içten kaynaklanan* bir tarzda yapın. Bu yorum biçimi çaresizliği dibine kadar yaşamanızı sağlayacaktır.

İnsanlar *seçtikleri* bu yorum biçimine göre *iyimser* ya da *kötümser* olarak tanımlanırlar. Atışı basket olmayınca, "Bugün çok şanssızım," diyen kişi, başarısızlığı dışsal (şans) ve değişebilir bir duruma bağlamıştır. Bu iyimser yorum tarzıdır. "Çalışmadım, olmadı," deseydi, gene içsel (çaba) ve değişebilir bir nedene bağlamış olurdu. Bu da iyimser bir yorumdur.

Bir atış basket olmayınca, atışı kaçıran kişi, "Ben beceriksizin tekiyim, zaten hiçbir işi başaramıyorum, yaşlandığımda da başarısız biri olarak evimdeki köpek tarafından yenmiş halde bulunacağım!" derse bu kötümser yorum tarzıdır. Başımıza gelen olayların bir kısmı bizim kontrolümüzde değildir ama o olayları yorumlama biçimimize dikkat ederek o *olayın kendimiz üzerindeki etkisini yönetmek* elimizdedir.

Öğrenilmiş çaresizlik *belli bir tarzda düşünmenin sonucudur,* bu yüzden ancak *düşünme biçimi değiştirilerek* ortadan kaldırılabilir. Öğrenilmiş çaresizliği üreten düşünme biçimini (paradigma) görmek, ondan kurtulmanın ilk adımıdır.

Şimdi bu teknikleri kullanma zamanı. Geçmişte yaşadığınız çaresizlik durumlarını bu yeni öğrendikleriniz ışığında *yeniden yorumlamaya* ne dersiniz? Eğer gelecekte öğrenilmiş çaresizlik yaşayabileceğiniz bir durumla karşılaşırsanız, eminim yapacağınız iç yorumların farkında olacaksınız.

## Olumsuz iç konuşmayı yönetmek

*Öğrenilmiş çaresizlik en çok kendi kendimizle kurduğumuz iç iletişime (iç konuşma) bağlıdır.* Her insan kendi kendisiyle konuşur. Bu yolla başına gelenleri yorumlar. Mesela, *"Kendi kendime dedim ki,"* derken bir iç konuşmamızdan alıntı yaparız. Şu anda içinizden, *"Ben deli miyim ki, kendi kendime konuşayım,"* diyorsanız, üzgünüm ama yakalandınız, işte bu bir iç konuşma! Şimdi de, içinizden, *"Güzel espriydi,"* dediyseniz bu da bir iç konuşma! İçinizden, *"Bak, gene bildi!"* dediyseniz bu da bir iç konuşma! *"Bakalım bunu daha nereye kadar uzatabilecek?"* diye düşündüyseniz bu da bir iç konuşma! Şu anda iç konuşma yoluyla düşünüyor, size yaptığım 'akıl okuma' şakasını yorumluyorsunuz.

Sokrat, *"Düşünmek, ruhun kendi kendisiyle konuşmasıdır,"* der. İç konuşmalarımızla kendimizi motive edip güçlendirebileceğimiz gibi, zihnimizde çaresizliğin örümcek ağlarını da örebiliriz. *Araştırmalara göre aklımızdan günde ortalama 60.000 ile 80.000 ara-*

*sında düşünce geçmektedir.* Başka bir araştırmada iç konuşmalarımızın % 75'inin kötümser, üzüntü verici, güçsüzleştirici olduğu bulunmuştur. *Bunun anlamı, içimizden konuşuruz ama bir derdimiz olduğunda!*

*Aynı olayları yaşayan kişilerden öğrenilmiş çaresizliğe yatkın olanların hemen olumsuz sonuçlara teslim olduğu, diğer bir grubun ise aynı şartlarda ve aynı sayıda başarısızlığa rağmen direnmeye, denemeye devam ettiği gözlenmiştir.* Farkı yaratan iç konuşmalarıdır. Peki iç konuşmalar arasındaki farkı yaratan faktör nedir? Kişilik, geçmiş deneyimler, anlık psikoloji, beklentiler, vs.

İç konuşmayı yönetmek için birkaç teknik anlatmak istiyorum.

1. *Bir düşünceyi içinizden beşten fazla tekrarladığınızda beyin onu gerçek olarak algılar.* Kendinize kırk kez, "Deliyim," derseniz, gerçekten delirebilirsiniz! Olumsuz iç konuşmaları kafanızın içinde çok tekrarlamayın. Kendinizle konuşmanıza engel olamıyorsanız gidip başkalarıyla, konuyla ilgisiz şeyler konuşabilirsiniz! Dış konuşma yaptığınızda olumsuz iç konuşma yapamazsınız.
2. *Bir düşünceyi içinizden çok duygusal bir ses tonuyla söylerseniz, beyin daha az tekrarda, daha kolay inanır.* "Ben aptalım" ya da "Kesin olmayacak" gibi negatif ve sınırlayıcı düşüncelerinizi 'buğulu' bir ses tonuyla içinizden çok sık tekrarlamayın! Bu tür cümlelerinizle gücünüzü bağladığınızın farkında olun. Aptalsanız bırakın bunu başkaları söylesin. Bir karar verin, kimden yanasınız?
3. *İç konuşma yaparken bilgi sahibi olmadan fikir sahibi olma yanlışına çok düşülür.* Arkadaşımız randevumuza biraz geç gelince, onu beklerken hemen bunu niye yaptığına dair iç konuşmaya başlarız. Cep telefonu kapalıdır, niye geciktiği hakkında *bilgimiz yoktur* ama niye gelmediğine dair *fikir üretmede* çok cesur davranırız. Bizi önemsememesine bağlarız oysa kaza geçirmiştir ya da tersine kaza geçirdi sanı-

rız; önemsemediği için gelmemiştir. Zihnimizde kendi kendimize varsayımlar kurar, kendi kendimize inanırız. Kendi akıl oyunlarımıza kanarız. Başımıza geleni *içimizde olana* göre yorumlarız. Bilgi sahibi değilseniz, fikir üretmeye çalışıp aklınızı boşuna yormayın. Uğur Mumcu'nun deyişiyle, *"Bilgi sahibi olmadan fikir sahibi olmayın."*

### İçimizdeki çaresizlik çemberleri nasıl çalışır?

Öğrenilmiş çaresizliğin 'içimizdeki mekanizması' nasıl çalışır? Önce başımıza bir *olay* gelir. Bu olayın içinde aşamadığımız bazı *engellerle* karşılaşırız. Böyle bir durumda hemen *içimizden konuşarak olayı yorumlamaya* başlarız. Kendimize, "Ne yaparsam yapayım bunların üstesinden gelemeyeceğim," gibi şeyler söyleriz. Bu iç konuşma bizde çaresizlik, üzüntü, bitkinlik gibi *duygusal durumlar* oluşturur. Bu duygusal durumdan doğan davranış ise *eylemsizliktir*.

*Olay*: Köpekbalığı küçük balığı yemeyi deniyor ama kafasını cama çarpıp şaşkınlık içinde kalıyor.

*Yorum şekli*: (Tahmini kurgu)"Karşımdaki balığı her yemeye çalıştığımda bir şey kafama çarpıyor. Ne yapsam olmuyor."

*Duygusal durum*: Çaresizlik, isteksizlik, umutsuzluk, başarısızlık hissi.

*Davranış*: Eylemsizlik! Atalet halinde yaşamak.

*Olay:* Köpeklerin ayaklarına elektrik şoku veriliyor.

*Yorum şekli:* (Tahmini kurgu) "Ayağım yanıyor, hemen kaçmam lazım! Gene yandı, Ahh bir daha! Kaçsam da, dursam da fayda etmiyor! En iyisi şöyle çömelip yatayım. Anne sözü dinleyip akademik kariyer yapmayacaktım!"

*Duygusal durum:* Çaresizlik, içe dönme, duygusallaşma, gerginlik.

*Davranış:* Başlangıçta kaçmaya ya da saldırmaya çalışma. Sonrasında hiçbir şey yapmayıp yatmak. Atalet halinde yaşamak.

Olaylara verdiğiniz anlam her şeydir. Başımıza gelen olayı biz seçemeyiz ama *olayları yorumlama şeklimizi* biz seçebiliriz. Kaderimizi kontrol altında tutabilme *noktamız* burasıdır. *Evrenin bizim üzerimizdeki etkisini burada seçebiliriz.* Özgür irademiz ve seçimlerimiz bu noktada kendini gösterir. Algılarımızın pasaport kontrol noktası burasıdır.

## Öğrenilmiş çaresizlikle baş etmenin diğer yolları

*Öğrenilmiş çaresizlikle başa çıkmanın önündeki en büyük engel onun farkında olmamaktır.* Balıklar nasıl içinde yüzdükleri suyu göremiyorsa, pireler nasıl kafalarını çarptıkları camı göremiyorlarsa, insanlar da kafalarının içindeki öğrenilmiş çaresizlik paradigmasını kendi başlarına göremiyorlar.

Öğrenilmiş çaresizlik ve atalet halinin *içimizde oluşma şeklini* anlamak, onunla başa çıkmanın da ilk adımıdır. Bu kitap size hiçbir çözüm göstermeseydi bile, sorununuzu *teşhis etmenizi* sağladığı için, sizi çözüm yolunun yarısına kadar getirmiş olurdu.

*Artık çaresizlik yaşadığınızda bunun 'farkında' olacaksınız.* Öğrenilmiş çaresizlik psikolojisini tanıyorsunuz. Beyninize yerleşirken onu yakalayabilir, yılanın başını küçükken ezebilirsiniz!

*Daha önce bilmediklerini öğrenen bir beyin, yeni bir düzeye gelmiştir ve ilk baştaki kör noktasına geri gitmez.* Bilinciniz hâlâ bu kitabı elinize ilk aldığınız noktada mı? Buraya kadar okuyarak geldiyseniz şüphesiz hayır! Öğrenilmiş çaresizlik, atalet hali ve başarısızlık psikolojisi hakkında bilinçlendiniz. Bu sizi yeni bir algı düzeyine getirdi. Artık sorunu nasıl çözeceğinizi biliyorsunuz, şimdi önünüzde iki şık var: *Çözmeyi tercih etmek ya da etmemek.*

İlk gençlik yıllarımda ben de milyonlarca insan gibi, neyi yapıp neyi yapamayacağıma *tahminlerle* karar veriyordum. Bazı şeyleri yapabileceğime inanıyordum, bazılarına ise inanmıyordum ama iki durumda da *bilgim* yoktu. *Artık inançlarımla değil bilgilerimle hareket ediyorum.* Neyi yapabileceğimi, neyi yapamayacağımı, hedeflerimi ve isteklerimi, güçlü yanlarımı ve zayıf yanlarımı, kişilik özelliklerimi ve yetenek yelpazemi net olarak biliyorum. *Kendimi iyice öğrendim!* Bu da neyi yapıp neyi yapamayacağımı çok çabuk görebilmemi sağlıyor. Siz de kendinizi tanıyarak, aynı tarzı kullanabilirsiniz.

Öğrenilmiş çaresizlik yaşayanlar başarısızlığa uğradıkları alanlarda kendilerini geliştirmeye de kapalı olurlar. *"Dün yapamasam da bugün kendimi geliştirerek yapabilir hale gelirim,"* diye düşünemezler. Bir işi yapmanız gerekiyor ancak yapamayacağınızı düşünüyorsanız, "Onun nasıl yapılacağını öğrenirsem, ben de yapabilirim," diye düşünün.

Buraya kadar anlatılan öğrenilmiş çaresizlik öykülerinden, 'yapamam' inancının aslında çoğu kez *geçersiz* olduğunu ve insanı ne kadar *gülünç* duruma düşürdüğünü görmüş olmalısınız. Fark etmiş olduğunuz gibi, öğrenilmiş çaresizlik *psikolojik ofsayt pozisyonuna* düşmektir.

İnsanlar aptal durumuna düşmemek için başarısız oldukları şeyleri daha sonra denemezler. *Oysa sonraki denemede şartlar değişmiştir ve bu yüzden deneylerdeki hayvanların yaptığı gibi, denedikleri için değil, denemedikleri için aptal durumuna düşerler.* Öğrenilmiş çaresizlik psikolojisinin en komik bulduğum yanı budur.

The Health Center'in öğrenilmiş çaresizlikle ilgili bir raporunda içimizdeki 'ezik' çocuğa dikkat çekiliyor: *"Öğrenilmiş çaresizliğin temelinde incinmiş bir çocukluk vardır.* Ancak içinizdeki bu incinmiş çocuk, bugünkü duygusal problemlerinizi çözebilecek donanımda değildir. Hatta sizin daha fazla incinmenize neden olabilmektedir. Bu konuda atılabilecek ilk adım, olaylara verdiğiniz reaksiyonların mantığınız tarafından kontrol edilmesini sağlamaktır."

Aynı raporda *sınırlayıcı kişisel tabuların gücü* vurgulanıyor. "Kendinizle ilgili olumsuz yargılayıcı ifadelerden uzak durun.

'Ben çok popüler biri değilimdir', 'Ben biraz utangacımdır', 'Kompozisyon yeteneğim iyi değildir' gibi *kişisel tabuların çoğu uzun vadede değiştirilebilir* şeylerdir. Kendinizin bilinç sahibi bir varlık olarak denek hayvanlarından farklı olduğunu unutmayın. Onlar öğrenilmiş çaresizliğin ne olduğunu öğrenemezler bile!"[9]

Öğrenilmiş çaresizlikte iç yorumlar kadar *çevreden alınan dış tepkiler* de önemlidir. Çevrenin bir başarısızlık durumunda gösterdiği hatalı tepkiler insanda çaresizlik psikolojisi oluşturabilir. Başarısız olunca çok *aşağılanan* insanlar, bir daha başarıyı denemeye korkacaktır. *Anne, baba ve öğretmenlerin çocukların hata ve başarısızlıkları karşısında gösterdiği tavırlar bu nedenle çok önemlidir.*

"Çocuğun başarısızlığına gösterilen hatalı tepkiler, onda yetersizlik duygusu ve öğrenilmiş çaresizlik psikolojisi oluşturur. *Bu tür çocuklar derslerde başarılı olamayacaklarına inanıp, ders çalışmayı bırakırlar. Bununla da kalmaz, kendilerini fark ettirmek için okulun en yaramazı olarak sivrilmeyi seçebilirler.* Aynı durum yetişkinlerde suça yönelme şeklinde kendini gösterir."[10] Çocukların başarısızlıklarına karşı daha pozitif olun. Çocuğunuzun yanlışlarını değil, doğrularını yakalamaya çalışın. Andre Maurois'e göre, "Başarısızlık ve felaketlere rağmen, hayata karşı güvenlerini koruyabilen iyimser insanlar, daha çok iyi bir anne tarafından büyütülmüş olanlardır."

Öğrenilmiş çaresizlikle başa çıkmakta kendi potansiyeline inanmak, "daha iyisini yapabilirim" diye düşünebilmek de çok önemlidir. *Gelebileceğiniz en iyi yer bulunduğunuz yer değildir.* Siz de büyüyebilirsiniz. Sizde sandığınızdan fazlası var. Sizde kendinizden fazlası var. Siz şimdiye kadar yaptıklarınızdan ibaret değilsiniz. En iyi halinizi keşfedip yaşamaya başladığınızda, her şey daha güzel olacak!

Başarısızlıktan çok korkuyorsanız iki katı daha fazla hazırlık yapın. *Başarısızlık kaygısı yetersiz hazırlıktan doğar.* Başarısızlık korkusunu yenmek için, başarısızlığa ihtimal vermeyecek kadar başarıya hazır olmak gerekir. Tersinden düşünürsek, başarıya yeterince hazırlanmadıysanız, *başarısız olmaya hazırsınız* demektir!

*Zihinsel arşiv kayıtlarınızı yeniden düzenleyin.* Geçmişte başarısız olduğunuz bir durum ile şu anda karşınızda olan bir durum birbirine benziyor diye hemen başarısız olacağınızı düşünmek, Temel'in 50 metre ileride muz gördüğünde, *"Yine ayağım kayacak, düşeceğim,"* demesine benzer. Geçmişteki başarısızlıklarınıza odaklanarak değil, gelecekteki muhtemel başarılarınıza odaklanarak yaşayın. *Dikiz aynasına bakarak ilerlemeye çalışmayın. Gözlerimiz geçmişe takılıp kalmayalım diye ensemizde değil yüzümüzdedir.* Ofisimdeki panomdan bir söz: *"Geçmişten ders al, bugün için çalış, gelecek için hayal kur!"*

"Amaçlar her zaman bir beden büyük olmalıdır ki ona göre gelişelim," der Josie Bisset. Hayallerinizi *bir beden büyütmekle* işe başlayın. Hayallerimiz çocukluk elbiselerimize benzer, gerçek bedenimizden bir boy büyük olmalıdır ki, onun içini dolduracak şekilde büyüyelim. Ayrıca büyük boy hayaller insanı daha *zengin gösterir!*

Büyük boy hayalin bir yararı daha vardır, *hayalleriniz suya düşüp çektiğinde,* ruhunuzu sıkmaz!

Öğrenilmiş çaresizlik aklı dondurur ama insan bilinçli bir şekilde karar vererek aklını çalıştırmaya devam edebilir. Aklınıza güvenin. Sürekli yeni şeyler öğrenin. Önce düşünün sonra yapın. En sonunda da yaptığınız üzerine bir daha düşünün! Aklınızı *tam kapasite kullanmamaktan* dolayı girdiğiniz çaresizlik durumundan, aklınızı kullanarak çıkabilirsiniz.

Kendinizi öğrenilmiş çaresizlikten korumak ve kurtarmak için *kendi özgün yaklaşımlarınızı* da geliştirebilmelisiniz. Mesela bir şeyi denediniz ama olmadıysa, cep telefonundan birini aradığınızı ve aradığınız kişinin cebinin kapalı olduğunu, ama bir gün açılacağını düşünebilirsiniz. *"Aradığınız sonuca şu anda ulaşılamıyor. Sizi istediğinize ulaştıracak ihtimal geçici olarak servis dışı olmuştur. Hemen bunalıma girmeyip, lütfen daha sonra tekrar deneyin!"*

Ya da kendinizi kitabın girişindeki köpekbalığının yerine koyun: *"Kader üzerimde öğrenilmiş çaresizlik deneyleri yapıyor! Denemeye devam edersem, bunlar camı hiç kaldırmayacaklar. En iyisi istemiyormuş gibi yapıp, aniden saldırmak!"*

## Bir hedefe giden yol, gökteki yıldızların sayısı kadardır

Bu kitaptan alınacak tek ders, "Sonuç almak için, ne kadar sürerse sürsün aynı yolu ısrarla deneyin," değildir. *Bir kapıyı kırk kez çaldığınızda açılmadıysa, diğer kırk kapıyı birer kez çalın.* Kararlılık çok şeydir ama her şey değildir. *Esneklik* gösterin. *Aynı yöndeki yeni yolları arayın.*

İster sevgili ararken, ister teflon tava pazarlarken denemelerinizde hedefinize ulaşamıyorsanız önünüzde dört yol vardır.

1. Aynı kişiye aynı şekilde yaklaşarak bir daha denersiniz.
2. Aynı kişiye farklı şekillerde yaklaşarak bir daha denersiniz.
3. Farklı kişilere aynı şekilde yaklaşabilirsiniz.
4. Farklı kişilere farklı şekillerde yaklaşabilirsiniz.

Birinci yol, ısrar yani kararlılık yoludur. Bazen işe yarar bazen yaramaz. İkinci yol, yenilikçi olmaktır. Hedef aynı, yaklaşım farklıdır. Üçüncü yolda, yaklaşım aynı hedef farklıdır. Dördüncüde hedef de yaklaşım da farklıdır. En yüksek esneklik bu yoldadır.

*Esneklik, sonuç almak için diğer seçenekleri yoklamaktır.* Esnek olabilmek yaratıcı düşünmeye bağlıdır. Her zaman *aklınıza gelmeyen* ama *sizi amacınıza götürebilecek* bir yol vardır. Yaratıcılık, bu yolu bulmaktır.

İşe yaramayan her deneme sizin bir noktadaki eksikliğinizi gösterir. *Yaşadığınız her başarısızlık, eğer onu doğru okursanız, size kendinizi hangi noktada geliştirmeniz gerektiğini gösterir.* Sadece kararlı olmakla her şeyi halletmeye çalışmak yerine, *sonuca etki eden her unsurla* tek tek ilgilenin. Ürün bilgisi zayıf, kişisel imajı kötü, sattığı mal bozuk bir satıcı istediği kadar ısrar etsin, kararlı olsun, başarısız denemelerden yılmasın sonuç fazla değişmeyecektir.

Bir kere denediniz ama sonuç olumsuz, kişisel imajınızı değiştirip tekrar deneyin. Tekrar denediniz, gene olmadı, ürün bilginizi geliştirip tekrar deneyin. Tekrar denediniz gene olmadı, bu defa ürün sunuş şeklinizi değiştirip tekrar deneyin. Gene mi olmadı? Sattığınız ürünü ve şirketi değiştirip tekrar deneyin. Kendinizi, ürününüzü, şirketinizi, satış tarzınızı değiştirdiniz gene mi olmadı? Sizin ruhunuz satıcılığa uygun değil, *karakteriniz* ile *kariyeriniz* uyuşmuyor, başka bir iş bakın! İlla ki, satış alanında kariyer yapacağım diyorsanız, en iyisi gidip üniversitede pazarlama profesörü olun!

## Öğrenilmiş çaresizliğe Türk usulü çözümler

Bazı insanlar her şeyin 'milli'sini sever. Müessesemizde 'okur memnuniyeti' esas olduğu için, öğrenilmiş çaresizliğe *Türk usulü çözümleri* de araştırdım. Yalnız bu çözümler öğrenilmiş çaresizlikten çıkmayı sağlamıyor, *onunla birlikte nasıl mutlu mesut yaşanacağını* gösteriyor!

İnsanlar öğrenilmiş çaresizlik içinde uzun süre yaşayınca, onu *normalleştirmenin* kendince yollarını üretirler. Hayallerine göre yaşayamayan insanlar, gerçeklerini kendilerine öyle teorilerle açıklarlar ki, kaybetmenin acısını kendi içlerinde daha hafif yaşarlar.

Tespit edebildiğim kadarıyla yurdum insanının *öğrenilmiş çaresizlik içinde huzurla yaşamak için* bulduğu 6 eşsiz yol bulunmaktadır.

1. *Suç ortaklığı sistemi.* Prof. Dr. Mehmet Altan'a göre Doğu toplumlarında bireyler Batılılardan farklı olarak karar alırken çevresine danışır, böylece başarısızlık durumun-

da suçluluk duygusu yaşamaz. Ortak başarısızlık olur! Birey iç ve dış saygınlığını korur. 'İstişare' edin, çevreniz de suç ortağı olsun!
2. *Mazeret dayanışması.* Malum ülkemizde, "Sen benim mazeretimi hoş gör, ben de senin mazeretini," anlayışı yaygındır. Açıklamalara, mazeretlere, özürlere gösterilen hoşgörü Batı toplumuna göre daha fazladır. Başarısız ama mazeret sahibi insanlara gösterdiğiniz hoşgörü, ileride sizin başarısızlıklarınızın görmezden gelinmesini sağlayacaktır! Başarısız ama huzurlu yaşamanın yolu, başkalarının başarısızlıklarını görmezden gelmekten geçer.
3. *Dert yarıştırma.* Yurdum insanının beni en çok şaşırtan tarafı, problemlerini çözmekten daha çok, problemleri üzerine konuşmayı (dertleşmek) sevmesidir. Bu garip *dert yarıştırma* hali yaygın bir *yerel terapi geleneğidir*. Arabesk müzikte, *"Senin derdin dert midir/benim derdim yanında/ böyle dert gördün mü/söyle sen hayatında,"* şeklinde ifadesini bulur. Dertleşme davranışı, *"Demek ki herkes dertli, o zaman ben de normalim,"* diyebilmek için yapılır. Dertleşme süreci sonunda oluşan, *"Herkes başarısız, ben de başarısızım, demek ki ben normalim!"* duygusu, insanı çaresiz ama huzurlu yapar!
4. *Gariban yücelticilik*: Türk kültürü kaybedenleri kazananlardan daha fazla yücelten nadir toplumlardandır. Garibanlar bu ülkenin *kutsal* çocuklarıdır. Türk filmlerinde gariban kötü adam yoktur, çünkü gariban kötülük yapsa da onun garibanlığı yanlışını aklar. Garibanlık öyle güçlü bir doğrudur ki, kırk yanlışı götürür! Bu ülkenin gelmiş geçmiş en büyük ideolojik hareketi 'garibanizm'dir. *Batı toplumu az sayıdaki başarılı insanı kaybeden çoğunluktan korur ve yüceltir.* Bizde garibanlar 'güçlü ama kötü' kazananlardan korunur ve yüceltilir. Kişi başarısız bir gariban olduğu için kendini kötü hissetmez, aksine 'özel' hisse-

der. Garibanlıktan çıkmak için çaba da harcamaz. Garibanı sev ve koru, bir gün sen de kaybeder, gariban olursan itibarın kazananlardan daha fazla olur!
5. *Dış güçler teorisi.* Başarısızlık ve problemlerinden dolayı başkalarını suçlamak, insanı yerinde saydırsa da, insan ruhunu 'serinleten' bir davranıştır. Geri kalmışlığımızdan, onlarca siyasi sorunumuzdan kendimizi sorumlu tutup bunalıma gireceğimize, dış güçleri suçlayıp kendimize saygımızı koruruz. *Politik başarısızlıklarının sonucunda çıkan problemleri 'dış güçlerin oyunu' diye açıklamak iç güçlerin çok iyi bir oyunudur!* İleride öğreneceksiniz, her başarısızlıktan kendini suçlayanlar, başkalarını suçlayanlardan daha fazla bunalıma giriyor!
6. *Arabesk müzik.* Arabesk müzik Türk insanının öğrenilmiş çaresizliğini *huşu içinde* yaşaması için icat etmiştir. Daha çok dertli müzik dinleyerek derdinden kurtulmak bize özgü *orijinal* bir çözümdür. Arabesk müzik neden 'bütün duyguları ağır yaralı' insanlarımıza 'ilaç gibi' geliyor? Çünkü yurdum garibanı *'aydınlanma değil merhamet'* ister![11] İnsanlar neden sorunları hakkında *aydınlanmak* değil *acınmak* ister? Bilmem!

Tebrikler, kitabın yarısına kadar geldiniz! Buradan sonra farklı bir bilgi ve strateji kategorisi başlıyor. Buraya kadar *başarısızlığı nasıl öğrendiğimiz* anlatıldı. Bundan sonra *başarılı olmanın nasıl öğrenilebileceğini* anlatıyorum. Pozitif başarı eğitimi başlıyor.

Bundan sonraki ilk adım *neyi başarmak istediğinizi* kesinleştirmek. Bir sonraki adım *ataleti tanımak ve yenmek.* Sonra amaçlarımıza giderken karşılaştığımız *engelleri aşmak ve sonuç almak* üzerine düşüneceğiz. *Özgüveni geri kazanmak* bir sonraki adım. Daha sonra zorluklar içerisinde yaşasalar da öğrenilmiş çaresizlik ve atalet tuzağına düşmeden sonuç almış *başarı örneklerini* konuşacağız. Son adım *kişisel kurtuluş savaşınızı* başlatmak...

## Başarmak Güzeldir:
## 'Öğrenilmiş Başarı' Hayatınızı Nasıl Değiştirir?

*Başarmak güzeldir.*
Büyük başarmak çok daha güzeldir!
Her başarı projesi başlangıçta bir *hayal*dir. Bir tarafınız onu gerçekleştirebileceğinizden emindir, diğer yanınız tereddüttedir. Sadece iç sesiniz değil, çevrenizdeki insanlar da ikiye bölünmüştür. Bir yandan 'gerçekçi olup hayallere kapılmamaya' çaba gösterirsiniz, bir yandan da *hayallerinizi kovalayacak cesareti* kendi içinizde üretmeye...

*İnsanlık tarihinde başarısızlık öykülerinin, başarı öykülerinden daha fazla olduğunu* bile bile 'başaracakmış gibi' harekete geçersiniz. Kaybetme riskine rağmen, o hayal uğruna zaman, çaba ve enerji harcarsınız. Risk alırsınız. Garantili küçük kazançlar yerine, hayalinizin zorlu, uzun ve riskli yolunu seçersiniz. O yolun sonuna vardığınızda kendi gözünüzde *özel biri* olacağınızı, denemezseniz hayatınızda bir şeylerin *eksik kalacağını* bilirsiniz. Ait olduğunuz o yere gidinceye kadar yaşadığınız her yerde kendinizi 'turist' gibi hissedersiniz.

Bazen kendinize bazen çevrenizdekilere, "Göreceksiniz işte, olacak!" diye meydan okursunuz. Çevreniz sizi *garantili küçük kazançlara* yönlendirmeye çalışır, içinizdeki *ani duygu kabarmaları* ise o büyük hayalinize. *Korkularınız* ile *umutlarınız* çarpışır içinizde. Kafa içi sesleriniz birbirine karışır.

Küçük ilerlemeleri -bazen büyük, bazen küçük- hayal kırıklıkları izler. Çevrenizdeki bazı insanlar, *yanlış yolda* olduğunuzu, başaramayacağınızı ısrarla söylemeye başlarlar. Beraber ve solo, "Yapamazsın!" korosuna rağmen, içinizdeki bir ses sizi onaylar: "Göreceksin, olacak!"

Bir yandan iç engel(leyici)leri, bir yandan dış engel(leyici)leri aşmaya çalışırsınız. Paranızı konforunuza değil, *hayalinize* yatırırsınız. Onun için *uykusuz* kalırsınız. Özel hayatınızdan, sağlığınızdan, rahatınızdan fedakârlık edersiniz. Hatta çoğu kez başarmak adına *yaşamayı ıskaladığınızı* bile bile yolunuza devam edersiniz.

*Sizi sabote edecek iç ve dış konuşmalar devam eder.* Aileniz ve arkadaşlarınız amaçlarınıza (işinize) odaklandığınızdan *onlara fazla zaman ayıramadığınızı,* 'bencil' olduğunuzu söylemeye başlarlar. Bazıları ise *elinizdekilerle yetinmeyip* daha fazlasını istediğiniz için sizin 'muhteris' (hırslı) biri olduğunuzu söyler. Dahası birlikte yola çıktığınız insanlardan bazıları temponuza ayak uyduramayıp *sizi yarı yolda bırakır* ya da daha da kötüsü sizi aldatabilir. İç kırıklıklarıyla da olsa yürümeye devam edersiniz.

*Hayat şartları da pek teşvik edici değildir çoğu zaman.* Hayalinizdeki sonuca ulaşmak için bazı yolları denersiniz, işe yaramaz. Yorgun ayaklarla, yeni yollar ararsınız. Yeni yollarda *aşılması gereken yeni engellerle* karşılaşırsınız. *Aştığınız her engel, bir sonrakini görmenizi sağlar.* İşten çok insanlar enerjinizi tüketir.

Yolun en zorlu anlarında içinizdeki ses ikiye ayrılır. Biri, "Devam et," der, diğeri, "Vazgeç." İnanç ile *şüphe* arasında savrulursunuz. *Sonuç alıncaya kadar kesin kanıt yoktur.* Kazanabilir veya kaybedebilirsiniz. Kesin olmayan yolda *kesin bir kararlılıkla* yürümeniz gerekir. Tereddütlerinizin kafanızdan ayağınıza inmemesi gerekir. Yorulsanız da yola devam etmeniz gerekir.

## Başarınca geçmişiniz yeniden yazılır!

Ve tünelin sonunda ışığı görürsünüz, zafer anıdır artık. Tebrikler başardınız! İç ve dış engelleri aşıp, "Yapamazsın," denilen büyük bir işi başardınız. Hem kendinizin hem de başkalarının gözünde 'özel' birisiniz artık. *Başka insanlar da yapmak istiyordu ama siz yapabildiniz.*

Siz bir hayali gerçek yaptınız. Bir gerçeğin doğum sürecine tanık oldunuz. Alman filozof Shopenhauer'e göre bir gerçeğin doğumu üç aşamadan geçer: *Önce alay edilir, sonra şiddetle karşı çıkılır, en sonunda da, "Zaten böyle olduğu biliniyordu," diye kabul edilir!*

Nitekim, başarınca insanların *size karşı tavırları* aniden değişir. Başarınızın yarattığı rüzgâr, bazı insanların *sizin yörüngenizde* veya *kendi yörüngesinde* hızla dönmesine neden olur! Daha önce size gülenler, alayı bırakıp *başarınızdan faydalanmaya* çalışırlar.

Başta anneniz olmak üzere, insanların sizden abartılı bir gururla bahsetmesi bir insanın başına gelebilecek en güzel şeylerden biridir! Öğretmenleriniz, *"Onun başarılı olacağı öğrenciliğinde belliydi,"* der. Mahallenizdeki bakkal, *"Ufakken onun matematiği çok kuvvetliydi, gofret alırken hesabı hep kafadan yapmasından anlamıştım büyük adam olacağını!"* der. *Başarınca geçmişiniz yeniden yazılır.* Tabii *hatalarınızdan arındırılmış* halde! Hatta başarılı olunca insanlar hatalarınızda bile 'hikmet' aramaya başlarlar.

İnsanların *kanaat önderi* olursunuz. Bir grup insanla restorana gittiğinizde, garson ilk önce size ne istediğinizi sorar. Menüyü aldığınızda ilk önce sağdaki 'fiyatlara' değil, sol taraftaki yemek adlarına bakmaya başlarsınız. Eski arkadaşlarınız sizinle ilgili anılarını döne döne ve daha bir 'köpürterek' anlatmaya başlarlar.

*Başarınız başkaları kadar sizi de güçlü bir şekilde etkiler.* Hayata başladığınız yer ile geldiğiniz yer arasındaki fark ve aştığınız engel sayısı özgüveninizi ateşler. Elinizde kanıt olmamasına rağmen *sırf inandığınız için* bir yolu izleyip sonunda oraya varabildiğinizi görmek kendinize olan saygınızı artırır. *Geldiğiniz yerin başka insanların hayalindeki bir yer olduğunu bilmek, kendinizi özel biri hissetmenizi sağlar.* Tüm bunlardan dolayı egonuzda hafif bir şişme meydana gelir! Eski tanıdıklarınız, "Sen şimdi bizi de tanımazsın!" demeye başlar.

## Başarı başınıza gelebilecek en güzel şeydir

*Her başarı, başarısızken size kötü davranan insanlardan alınmış güçlü bir intikamdır.* Size başarılı olamayacağınızı söyleyen insanlar karşısında haklı çıkmanın sevinci anlatılmaz, yaşanır. Hatta gazeteci İdil Çeliker gibi dostlara göre, başarılı olmanın en keyifli yanı başkalarının, "Yapamazsın," dediği bir şeyi yapabilmiş olmaktır.

Başarılı olmanın bedeli büyüktür, peki ya en büyük ödülü? *Başarının doğduğu, hayallerin gerçek olduğu anda hissedilen birkaç dakikalık 'doruk mutluluk duygusu' başarı için ödenen onca bedelin karşılığıdır.* Başarılı olmanın büyük ikramiyesi işte bu duygudur.

Şampiyon sporcuların ödül törenine dikkat edin. Başarılı bir *sonucun doğduğu anda* akar mutluluk gözyaşları. Boğazda bir duygu düğümlenir. Gözler buğulu bir şekilde tarar etrafı. Sınav sonucunun alındığı an, seçimin kazanıldığı an, hayaldeki evliliğin yapıldığı an, kazanılan bir maçın sonucunun açıklandığı an insanların gözlerinin içine daha bir dikkatlice bakın. Kazanmanın ve *doruk mutluluk duygusunun* resmini göreceksiniz.

*Hayatınızı istediğiniz gibi biçimlendirmek, başarılı olmanın bir diğer büyük ödülüdür.* Bu kendi hayatınıza kendi damganızı vurmanız, yaşadığınız hayatın altında, *'Made in Ben'* yazması demektir. Bu ödülün kreması yaşadığınız hayatın, başkalarının *yaşamayı hayal ettiği* hayat olmasıdır. Başkalarının *rüyasının* sizin *gerçeğiniz* olduğunu bilmek, insanın kendisine olan saygısını artırır.

## Ne kadar başarılı olursanız, o kadar özgür olursunuz

Başarının getirdiği en büyük armağanlardan birisi de kişisel özgürlüktür. Ne kadar başarılı olursanız o kadar çok seçenek sahibi olursunuz. *Başarılıysanız seçen siz olursunuz, başarısızsanız seçilen siz olursunuz.* Başarılı bir doktor çalışmak istediği hastaneyi kendisi *seçebilir,* ortalama bir doktor özgeçmiş yazıp 'seçilmek' üzere hastanelere göndermek zorundadır.

*Ne kadar başarılı olursanız, o kadar özgür olursunuz.* Tabii bu biraz da *neyi başardığınıza* bağlıdır! Bu özgürlük canının istediği her şeyi yapabilmekten daha çok *istemediği şeyleri yapmayabilme özgürlüğünü* içerir. Sevmediği insanlara *katlanmak zorunda kalmamak* da bu özgürlüğe dahildir. Başarılı bir insanın elindeki seçenekler, başarısız insanların önündekilerden daha fazladır.

*Başarı imkânlarınızı da genişletir.* Kazanılmış bir başarının sağladığı referans, başka başarılara ulaşmayı kolaylaştırır. *Başarı başarıyı çeker.* Zor ve önemli olan ilk başarıdır.

*Başarılı olmanın en büyük yararlarından biri de çok güçlü bir 'kusur giderici' olmasıdır.* Başarılı olmak taç gibidir, onu başınızın üzerine koyduğunuzda *size bakan gözler kamaştığından* insanlar yüzünüzdeki sivilceleri (kusurlarınızı) göremez olurlar. Kusurlarınız çok göze batıyorsa, herkes sizi eleştiriyorsa, *göz kamaştıran* bir iş başarın!

## Başarı insanın yüzüne renk getirir!

Başarı insanın yüzüne renk getirir. Özellikle de erkeklerin! Kadın dergilerinin 'en seksi erkekler' listesi, en *yakışıklı* erkeklerden çok en *başarılı* erkeklerden oluşur. Kimilerine göre, başarı en büyük afrodizyaktır! İnsanlar kimin için başarır? Başarısını *güzel kadın* elde etmek için kullanan erkekler ve güzelliğini *başarılı erkek* elde etmek için kullanan kadınlar. Şu yaşlı evrenin *sosyal yörüngesi* budur.

Başarının en büyük avantajlarından birisi başka insanlara bağımlılığı azaltmasıdır. Başarısızlar birilerine *bağımlı* yaşarlar. Bağımsız bir hayat için başarı şarttır. Başarılı insanlar çok fazla seçeneğe sahip olduklarından, nefret ettikleri kişilere, yerlere, durumlara katlanmak zorunda değildirler. *Ne kadar çok başarılı olursanız, o kadar az insana 'eyvallah' etmek zorunda kalırsınız.* İşinizi ne kadar iyi yaparsanız, *sevmediğiniz insanlara katlanma mecburiyetiniz o kadar azalır.* Ayrıca insanlar başarılı insanların hatalarına karşı daha bağışlayıcıdır. Başarılı oldukça istemediğiniz insanları daha kolay hayatınızdan çıkarabilirsiniz. Muhakkak ki sevmeseniz de birileriyle çalışmak zorunda kalacaksınız ancak en azından *eşit güçte insanlar olarak* mücadele edeceksiniz.

*Başarılı olmanın en büyük armağanlarından biri de bir zamanlar sizi aşağılamış insanların başarılı olduktan sonra size övgüler yağdırmaya başlamasıdır.* Kötü insanlardan intikam almanın en güçlü ve en zekice yolu başarılı olmaktır. Hayatın ve insanların yaptıkları haksızlıklara verilecek *en güzel cevap* başarılı olmaktır. Haksızlığa uğramışlıktan ya da aşağılanmadan doğan öfkede büyük bir enerji vardır, -ki bu enerji pozitif düşünmenin yarattığı enerjiden daha güçlüdür- bu enerji başarıya yönlendirilebilirse, taşkın nehirlerden elektrik üretilmesi gibi büyük bir başarı üretilebilir.

*Türk filmlerindeki 'fakir ama gururlu genç' klişesi yaşadığı aşağılanmayı hırs yaparak başarılı olmuş insanların tipik örneğidir.* Türkiye'de *aşağılandığı için yükselenlerin*, bir hayalin peşinde koşarak başarılı olanlardan daha fazla olduğunu bildiğim için Türk filmlerindeki bir sahneyi çok ciddiye alıyorum.

Kötü kalpli 'fabrikatör' iflas etmiş, fabrikasını satmaktadır. Almaya gelen yeni patron koltuğuna kurulmuş, pencereden dışarıya bakarak konuşur: *"Bilmem hatırlar mısınız? Yıllar önceydi. Fakir ama gururlu bir genç vardı. Fabrikanızda işçiydi."*

Sonra derin bir sessizlik olur ve bu ölümcül sessizliğe şu cümle son verir: *"Onun onuruyla oynamıştınız!"*

Sonra koltuk döner ve konuşanın yüzü görünür. *"O benim!"*

Türk Usulü Başarı adlı kitabımda, *"Çektiğimiz acılardır başarımızın gerekçesi,"* demiştim. Çoğumuz başarılı olmak için acı çekmiyoruz, acı çektiğimiz için başarılı oluyoruz. *Her başarılı insanın içinde, dışarıdan görülmeyen bazı yaralar vardır.* En görkemli başarılar, *yüreği yaralı insanlardan çıkar.* *"Her büyük başarı, yanan bir yüreğin hikâyesidir,"* der Tavern. Büyük başaranlar mutluluk şarkılarında teselli bulamayan, 'bir meselesi olan' adamlardır. Çektiğimiz acıları 'anlamlı' kılmak için yapılabilecek en iyi şey, başarılı olmaktır. Büyük acılar en şık, başarılı insanın özgeçmişlerinde durur.

*Başarının sadece kendimize faydası yoktur. Başarı başka insanlara yardım imkânı da verir.* Başka insanların hayatını olumlu yönde iyileştirmek, merhamet önderi olmak, insaniyetini kaybetmemiş bir kalp kadar *başarılı bir kariyer* de gerektirir. *Sizde olmayanı başkasına veremezsiniz.*

## Her sıfırdan zirveye yükselişin hüzünlü bir öyküsü vardır

Pek çok kitapta başarılı olmak, *bir dağa tırmanmaya* benzetilir. Büyük yaşamak vadiden çıkıp, yamaçtan geçip, zirvede oturmaktır. Bazı ruhlar *zirveye aittir* ama vadide doğar. Bu insanlar içlerinden kendilerini *ait oldukları yere* yani zirveye iten bir içgüdüyle yaşarlar.

*Bu insanların vadiden zirveye tırmanma serüveninin özeti nasıldır?* Vadiden zirveye hızlı yükselmek için üzerinizdeki 'ağırlıklardan' kurtulmakla işe başlarsınız. Yolda *önünüzde gidenleri gerinizde bıraktıkça* ilerlediğinizi hissedersiniz. Yükselmek için zirveye yüzünüzü çevirdiğinizde, çoğu kez *vadidekilere sırtınızı dönersiniz.* Bazen *dağ* sanarak tırmandıklarınızın *tepe* olduğunu görürsünüz. Siz yükseldikçe vadidekilerin görüntüsü *küçülür.* Yükseldikçe iklim sertleşir, *psikolojik sıcaklık* düşer. Çevrenizde daha az 'insan', daha çok -sizin gibi- 'tırmanıcı' görürsünüz. Tırnaklarınızla *kazıyarak* yükseldikçe, tırnaklarınızın altına bazı pislikler dolar!

Çıktığınız zirve, daha büyük zirveleri görmenizi sağlar. İçinizdeki bir ses daha büyük bir başka zirveye tırmanmak için yeniden vadiye inmenizi söyler, diğer ses itiraz eder: "Bir daha başladığın yere dönemezsin!" Vadideki kadar *cesur ve gözükara* olamadığınızı görürsünüz, çünkü kaybedecek bir şeyleriniz vardır artık. *Sahip olduklarınızın aslında size sahip olduğunu görürsünüz.* Sonunda tek amacınız 'zirvede kalmak' olur. Sırtınızı zirveye, yüzünüzü vadidekilere dönersiniz. Doğa yasasıdır; daima yüzünüzü döndüğünüz yönde ilerlersiniz!

*Zirvede yaşamak yarışmaktır.* Her gün *unvan maçına* çıkmaktır. Kazandıkça, vizeniz uzatılır. Skor tabelanızdaki rakam kadar *değeriniz* vardır. Sonuç almak her şeydir. Burada skor tabelası tanrısına tapılır! *Sükunet, saadet* ve *samimiyet* vadide kalmıştır. *Zirvelerin tanrısı, huzur değil hareket, saadet değil görkem, samimiyet değil profesyonellik ister.* Geçmişte hafiflemek için vadide bıraktığınız 'ağırlıkların' önemini belki bir gün anlarsınız ama onları geri almak için *kazandıklarınızı kaybetmeyi* göze almanız gerekir.

*Yine bir gün görürsünüz ki zirveler kişilere mülk değil, devremülktür!* Artık inme vaktiniz gelmiştir. Bir *hüzün* kaplar içinizi. Zirvede ölmek şans, ölmeden inmek eğitimdir. *En iyi manzarayı tırmanırken değil, zirveden inerken görürsünüz.* Yükselirken sırtınızı döndüğünüz yaşamı ve insanları inerken yeni bir gözle 'okursunuz.' Tırmanırken *bilginiz*, inerken *bilgeliğiniz* artar. Sonunda hayattan aldıklarınızın, verdiklerinizin matematiği biter. Sizden geriye belki hoş bir ses, belki bir cümle, belki bir imge kalır. Ve bir iç ses: *"Ben hayata oradan baktım! Ait olduğum yerde yaşadım!"* Görkemli başarıların işte böyle hüzünlü bir ritmi vardır.

Vadideki herkes zirveye çıkmak istemeyebilir. Bazıları *istatistik insan* olmayı seçer. Bu insanlar doğdukları zaman Devlet İstatistik Enstitüsü'ndeki (DİE) görevli yeni doğanlar hanesine bir çarpı atar. Zamanla evlenirler, evliler hanesine bir çarpı atılır. Sonra çocukları olur, o haneye bir çarpı atılır. En sonunda ölürler, ölenler hanesine bir çarpı atılır. *İstatistik insanın varlığı ya da yokluğu sadece Devlet İstatistik Enstitüsü'nün rakamlarını de-*

ğiştirir. Kendi hayatlarının dışına taşıp dünyada olumlu ve güçlü bir *iz bırakmadan* ölürler. Bu bir seçimdir ve saygı gösterilmelidir.

## Hayalinizdeki hayat kaç metrekare?

Hayat tercihimiz hamburger tercihimize benzer. Bazı insanlar büyük boy, bazıları orta boy, bazıları küçük boy hayat ister. *Kişilerin başarı tanımı, kendisine layık gördüğü hayatın büyüklüğüne göre değişir.* Çoğunluk orta kararcıdır ve *orta sınıf hayatı* sever. Bu gruptakiler, *"Hayatını yüksekte kurma yel götürür, alçakta kurma sel götürür,"* felsefesine inanırlar. Bazıları en dipte *kaybeden insan* olarak yaşamayı seçer. Bazı insanlar ise *büyük adam olma güdüsüyle* doğar. Bunlar zirvede yaşarlar ya da kendilerini yaşamış saymazlar.

Toplumdaki üst, orta ve alt sınıflar da böyle oluşur. Sınıf atlamanın en şık yolu başarılı olmaktır. *Doğduğunuz sınıf ne kadar şanslı olduğunuzu, öldüğünüz sınıf ne kadar başarılı olduğunuzu gösterir!*

*Büyük adam* olmak ile *başarılı adam* olmak aynı şey değildir. Büyük yaşamak, kendi hayatından taşıp milyonlarca insanın hayatını etkilemek, çok sayıda insanın *olmak istediği* ama az sayıda insanın *ulaşabildiği* bir yüksekliğe çıkmaktır. *Büyük adam olmak herkese açık bir pozisyon değildir. Oysa başarılı olmanın kapıları herkese açıktır.* Herkes başbakan olamaz ama herkes işini daha iyi yapan, kendi kendine yetebilen, çevresindekileri kalkındırabilen biri olabilir. İşini iyi yapan bir çöpçü, başarılı bir küçük adam olsa da, insanlık için değeri, işini kötü yapan bir krala denktir.

*Büyük hayatı olduğu halde başarılı olmayan insanlar olduğu gibi, küçük hayatlarında çok başarılı işler yapan insanlar da vardır.* Erzincan'da 20 çalışanıyla yılda 20 bin dolar kâr eden bir şirket başarılıdır ama ulusal ölçekte bakıldığında büyük değildir. İstanbul'daki 2.000 çalışanı olan ama 20 milyon dolar zarar eden bir şirket büyüktür ama başarılı değildir.

Başarının büyüklüğü de önemli bir noktadır. Başarının büyüklüğü baz alınan ölçeğe göre değişir. Türkiye içinde birinci ligde en büyük olanlar, dünyanın ikinci liginde yer alabilirler. Ebatlarına göre küçük boy başarı, orta boy başarı ve büyük boy başarı vardır.

Tüm insanlık için tüm zamanlarda geçerli olabilecek bireysel bir başarı tanımı Amerikalı yazar Emerson'a aittir:

> *"Başarı, çok ve sık gülmek; çocukların sevgisini ve akıllı insanların saygısını kazanmak; içtenlikli eleştirilerin kıymetini anlamak ve kötü arkadaşların yoldan çıkarma girişimlerine dayanabilmek; güzeli anlamak; başkalarında en iyiyi bulmak; sağlıklı bir çocukla, güzel bir bahçe ya da saygın bir sosyal durumla biraz daha iyi bir dünya bırakabilmek; hatta bir tek kişi bile olsa, birilerinin siz yaşadığınız için daha rahat nefes aldığını bilmektir."*

Başarının 'anlamı' ile ilgili internette dolanan komik bir anonim tanım ise şöyledir:

4 yaşınızdayken başarının anlamı......*Altınıza kaçırmamaktır!*
12 yaşındayken başarının anlamı......*Kalabalık bir arkadaş grubuna sahip olmaktır.*
20 yaşındayken başarının anlamı...... *Cinsel hayatınızın aktif olmasıdır.*
35 yaşındayken başarının anlamı...... *Zengin olmaktır.*
60 yaşındayken başarının anlamı...... *Cinsel hayatınızın aktif olmasıdır.*
70 yaşındayken başarının anlamı......*Kalabalık bir arkadaş grubuna sahip olmaktır.*
80 yaşındayken başarının anlamı......*Altınıza kaçırmamaktır!*

Başarılı olma yolculuğuna çıkmadan önce başarı tanımınızı (Başarı sizce nedir?) ve başarı kriterinizi (Başarılı olduğunuzu nereden anlayacaksınız?) belirlemeniz çok önemlidir. *İnsanların cam tavanlarını yansıtan en iyi gösterge başarı tanımlarıdır.* İnsanlar başarı tanımlarının ötesine pek gidemezler. Tanımınızdaki sınırlayıcılığa dikkat edin. "En büyük başarı, mutlu bir aile kurmaktır," derseniz, bunun ötesine geçemeyebilirsiniz. Benim kendi sosyal başarı tanımım ne? *Bir işi 70 milyon kişi içinde en iyi (yapa)bilen ve en iyi yapan olarak bilinen sen ol!*

## İnsanlığın ortak aklını kullanın

Başarılı olmak güzeldir.
Peki bu güzelliği hayatımıza nasıl katacağız?
Bir işadamı bana, "Genç yaşta bu kadar şeyi nasıl başardınız?" diye sordu. *"Başarı hakkında bu kadar şey bilirken başarısız olmam imkânsızdı!"* dedim.

İşadamının yanından ayrıldıktan sonra sorunun cevabını bir daha düşündüm. *İnsanlar nasıl başarılı olabileceklerini öğrenmeden 'harala gürele' bir şeyler yapmaya çalışırken, ben önce nasıl başarılı olabileceğimi öğrenmiş, sonra da başarılı olmaya çalışmıştım.* Önce öğrendim, sonra denedim. Neyi, niçin, nasıl yapacağımı bilerek hareket ettim. Temelde her şey bu kadar basitti. Başarılı olmayı öğrenmek için harcayacağınız bir gün, başarılı olmaya çalışırken size en az bir yıl kazandıracaktır.

Başarılı olmak gerçekten öğrenilebilir. Bana güvenin! Başarılı olmanın bir 'teknik bilgisi' vardır. Nasıl ki doktorluk, tiyatroculuk, hukukçuluk, mühendislik öğrenilebiliyorsa, *profesyonel bir şekilde başarılı olmak* da öğrenilebilir. *Başarı hakkında kitap veya seminerlerden öğrendiklerinizle belki kahraman olamazsınız ama şu anki durumunuzdan daha iyi olabilirsiniz.* Bir insanın başarılı ya da başarısız olmasında rol oynayıp da *öğrenilebilir olmayan* faktörler de vardır. Mesela şans başarıyı belirli oranda etkiler ve öğrenilebilir değildir. Aynı şekilde *büyüklük içgüdüsü* bir insanda vardır ya da yoktur, öğrenilemez. İnsan kendi içinde olan ve başarısını etkileyen faktörlerin nasıl çalıştığını öğrenerek, başarısını kendi denetimine alabilir.

*"Nasıl başarılı olunur?"* sorusunun cevabını arayan ilk kişi siz değilsiniz, milyarlarca insan aynı sorunun cevabını asırlardır düşünüyor. Bulduklarını kullandılar, işe yarayanı yaramayandan ayır-

dılar, işe yarayanları yazdılar. Bu *akıl bankasından* yararlanmak zekice bir harekettir. Size insanlık tarihinin başarı tecrübesinden yararlanmanızı öneririm. Başarılı olmuş insanların çoğunun bunu yaptığını da bilin.

Büyük başaranların tamamen kitaplardan okuduklarıyla başarılı olduklarını söyleyemem ama başarılı insanların çoğu nasıl başarılı olabileceğini kendisinden önce başarılı olmuş insanların öyküsünden öğrenmiştir. Machiavelli *Prens* adlı ünlü kitabında bunu anlatır: *"Bulundukları yere nasıl geldiklerini görmek için, şöhretli adamların eylemlerini inceleyin; zaferlerinin ve yenilgilerinin nedenlerini öğrenin; ki birini taklit edip öbüründen kaçınabilesiniz. Hepsinden önemlisi, kendilerinden önce ünlü olan ve takdir edilen, başarılarıyla yaptıkları hâlâ belleklerde yer alan kişileri örnek alan şöhretli adamların davrandığı gibi davranın; tıpkı Büyük İskender'in Akhilleus'u ve Sezar'ın da İskender'i taklit ettiğini söylediği gibi."*

Başarılı bir hayat istiyorsanız, beyninizi başarıya götürecek bilgilerle beslemelisiniz. Çünkü beyninize ne girerse, beyninizden o konuda bir şeyler dışarı çıkar.

Eğer elimde olsaydı, başarısız bir insanın aklından geçen başarıyla ilgili tüm düşüncelerini çıkarır, önüne sererdim. Sonra onunla geçmişine giderek *başarı hakkındaki bildiklerini kimlerden öğrendiğini* bulurduk. Başarı hakkındaki bildiklerinin Türk filmleri, depresif arkadaş terapileri, kantin konuşmaları, meyhane muhabbetleri, kıraathane analizlerinden oluştuğunu görürdük. *Kaybedenler başarı hakkında bildiklerini kaybedenlerden öğrenmiştir. Başarısızlardan öğrendikleriyle başarılı olmayı beklemenin mantığı nedir?*

## Öğrenilmiş başarı ve 'harala-gürele' başarı!

İki türlü başarı tarzı vardır. *Öğrenilmiş başarı* ve *harala-gürele başarı!* Nasıl başarılı olabileceğinizi öğrenmeden de 'bir şekilde' başarılı olabilirsiniz. Ancak başarınız kalıcı olur mu? Maalesef!

Öğrenilmiş başarı sahipleri, bir işin 'eğitimini' almış, önce nasıl yapılacağını öğrenmiş, sonra o işi yapmış kişilerdir. Diğer grup ise eğitime inanmayan, *bir işin nasıl yapılması gerektiğini işi yaparken öğrenen* kesimdir. Bu kesim genellikle eğitimin gücünü küçümser, hayatın tek öğretmen olduğunu düşünür.

Nasıl ki sanatçıların konservatuar bitirmiş eğitimlisi ve eğitimsizi varsa, başarılı insanların da profesyonelce başaranı ve 'neyi niçin yaptığını kendisi de bilmeden', biraz şans, biraz çok çalışma ve üç-beş *kabul edilebilir katakulli* ile bir yere gelmiş olanı da vardır. Bu ikinci grubun özelliği jet hızıyla zirveye çıkıp, jet hızıyla yere çakılmalarıdır. *Tesadüfen başarılı olunabilir ama tesadüfen başarılı kalınamaz.*

## Nasıl başarılı olabileceğinizi nasıl öğrenebilirsiniz?

*Başarıyı öğrenmenin bir yolu başarılı olmak üzerine yazılmış analiz kitaplarını okumaktır.* Bu kitapların kuru kuruya, "Sen de uçabilirsin," diyen motivasyon kitaplarından daha çok, neyi nasıl yapabileceğinizi gösteren *analiz kitapları* olmasını öneririm. Bu kitaplar başarılı olmak için *nasıl düşünmek gerektiğini* anlatır. Başarılı insanlar ile başarısız insanları karşılaştırmalı inceleyen kitaplardır.

*İkinci bir kaynak biyografi kitaplarıdır.* İnsanların nasıl yaşadıkları ve nasıl başardıkları biyografilerinden çıkarılabilir. Okuyacağınız biyografi başarı öyküsü ya da yaşam öyküsü tarzında olabilir. Gazetelerin hafta sonu eklerinde veya dergilerde bile röportaj yapılan kişinin başarısıyla ilgili ipuçları yakalanabilir.

*Bir diğer yol seminer, konferans gibi aktivitelere katılmaktır.* Eğer çok meşgul bir genel müdür değilseniz, önce kitap okuyup sonra eğer gerçekten gerekiyorsa seminerlere katılmanız daha yararlıdır.

*Kendinize kişisel gelişim uzmanı ya da fikrine güvendiğiniz birilerinden kariyer danışmanı da seçebilirsiniz.* Doğru rehberi seçmek de çok önemlidir. Yarım doktor candan, yarım imam dinden, yarım kişisel gelişimci kariyerden eder!

Yeni bir yol da internettir. Herhangi bir kavram ile ilgili *www.google.com* gibi arama motorlarında araştırma yapabilirsiniz. *Kişisel Gelişim Merkezi*'nin web sitesi *www.kigem.com* adresinde de kendini geliştirme üzerine binlerce sayfa bilgi bulunmaktadır.

*İnsan gelişimine önem veren şirketlerde çalışmak da doğru bir başarı kültürü edinmek için iyi bir yoldur.* Çalışanlarına kişisel gelişim programı uygulayan, pozitif kurum kültürüne sahip, *insanların içindeki en iyiyi bulup çıkarmayı* görev sayan şirketler az da olsa vardır.

*Başarılı olmayı öğrenmenin en iyi yolu nedir derseniz, başarılı insanlarla çalışmaktır derim.* Başarılı insanların yanında ücretsiz dahi olsa, 6 ay kadar çalışın. Bu kişinin neyi niçin yaptığını bilerek başarılı olmuş, başarı ile ilgili bildiklerini öğretmekten sakınmayan biri olmasına dikkat edin. Her başarılı insandan başarı öğrenilmez. Bazı başarılı kişiler çok kıskançtır, yanlarındakilerin ilerlemesini kendilerinin gerilemesi sayarlar.

*Başarı bilgisini mutlaka dışarıdan almanız gerektiğini de düşünmeyin. Kendi kendinizin rehberi olun.* Kendinizi başarılı yapacak olan kişi sonuçta sizsiniz. Yaşadığınız her başarı ve başarısızlıktan sonra, yaptıklarınız ve yapmanız gerektiği halde yapmadıklarınız üzerine düşünün. *Nasıl başarılı olabileceğiniz üzerine sürekli kafa yorun. İnsanın hayatı aklında olana doğru genişler. Kafanızda en çok neyi çok düşünürseniz, hayatınızda onu çoğaltırsınız.* Kendi aklınızı kendi başarınız doğrultusunda kullanmayı öğrenin.

Bir sonraki bölümde başarıya giderken kendinize engel olmamayı ve kendi yolunuzdan çekilmeyi öğreneceksiniz. Atalet halinde yaşamak ile ilgili detaylar daha sonraki bölümde...

## Kendinizi İleri Fırlatmak: Olduğunuz Yerde Durarak Olmak İstediğiniz Yere Varamazsınız!

*Başarıya doğru ilerlemek için, yapmanız gereken ilk şey olduğunuz yerde durmamaktır.* Kural basittir: Olduğunuz yerde durarak, olmak istediğiniz yere varamazsınız![12]

*Başarmayı istediğiniz, uğraşırsanız yapabileceğiniz ama yine de ona ulaşmak için pek bir şey yapmadığınız şeyleri bir düşünün.* Nedir bunlar? Ayda beş kilo vermek, sigarayı bırakmak, yabacı dil öğrenmek, daha fazla kitap okumak, düzenli spor yapmak, ailenizle daha fazla zaman geçirmek, daha az TV seyretmek, kazancınızdan bir kısmını tasarruf etmek ya da daha düzenli yaşamak olabilir.

Şimdi aşağıdaki soruları bir düşünün.

Hedefinizi yani 'neyi başarmak istediğinizi' biliyorsunuz. *Niçin* bu hedefi istediğinizi de biliyorsunuz. Bu hedefinize ulaşabilmek için *neler yapmanız gerektiğini* de biliyorsunuz. Hedefinize isterseniz *nasıl ulaşabileceğinizi* de biliyorsunuz. İsterseniz *nereden başlayabileceğinizi* de biliyorsunuz. Hedefinize ulaşamamakla *neler kaybettiğinizi*, ulaşırsanız *neler kazanacağınızı* da biliyorsunuz. Bu işi *başarmayı istediğinizi* de düşünüyorsunuz. Ama yine de bekliyorsunuz. Neden?

Sizi durduran nedir?
İçinizde olup elinizi kolunuzu bağlayan nedir?
Hayatınızdaki bu 'atıl kapasite'yi yaratan nedir?
Önemli olduğunu düşündüğüm için ikinci kez sıraladığım bu soruların cevabını biliyorsunuz: 'Atalet!'

Ataleti yenmek kavramını ilk nasıl keşfettiğimi kitabın giriş kısmında anlattım. 'Atıl' kalanlar ile 'ileriye atılanlar' arasındaki farkı yaratan atalettir. Atalet 'atıl' kökünden gelir ve fizik biliminde *'eylemsizlik hali'* demektir. Atalet halini sosyal başarı bağlamında *amaca yönelik eyleme geçmeme durumu* diye tanımlayabiliriz.

Yıllardır başarılı olmak için hayaller kuran, hedefler koyan, planlar yapan ama bir türlü *ilk adımı atamayan* kişilerin sorunu atalet halinde yaşıyor olmalarıdır.

### Atalet ile öğrenilmiş çaresizliğin ilişkisi nasıldır?

Atalet ile öğrenilmiş çaresizliğin ilişkisini özetleyelim:

Her şey *bir iş başarmak isteği* ile başlar. Sonra başaracak *bir hedef* seçeriz. Hedefe yönelik *eyleme geçeriz*. Engellerle karşılaşırız. Devam etmek ile vazgeçmek arasında tereddüte düşeriz. Kafamız karışık halde bir daha deneriz. Yine sonuç alamayız. Kendi gözümüzde aptal durumuna düşmemek için *sonuç alamadığımız şeyi tekrar denemekten* vazgeçeriz.

Bu anda öğrenilmiş çaresizlik psikolojisi başlar. Biraz zaman geçer. Şartlar değişir, dış engeller kalkar ama başarısız olacağımıza dair düşüncelerimiz devam eder. Zamanla demlenen öğrenilmiş çaresizlik atalete dönüşür. *Bu aşamada kişinin sadece deneme cesareti kaybolmaz, bir daha deneyecek takati de kalmaz.* Öğrenilmiş çaresizlikte kişi, bir şeyi yapamayacağına inandığı için eyleme geçmez. Kronik atalet halinde kişi *yapabileceğine inansa da* yapmak için harekete geçmez.

Öğrenilmiş çaresizlik atalete düşmenin en önemli nedenidir ama tek nedeni değildir. İnsanların atalet halinde yaşamasının onlarca nedeni daha vardır. Başarılı olamayacağına inanmak (öğrenilmiş çaresizlik) bu nedenlerden biridir.

Atalet insan ruhuna nasıl yerleşir? *Sinsi* ve *kademeli* şekilde! Bu süreci anlatan iyi bir örnek meşhur 'suyu ısınan kurbağa' deneyidir. Bir kurbağa sıcak suya atılır. Yaşadığı *şok değişimin* etkisiyle zıplayarak atıldığı kaptan çıkar. İkinci denemede kurbağamız bu defa içinde *oda sıcaklığında* su bulunan bir kaba konur. Kap bir ısıtıcının üzerine yerleştirilir ve kurbağanın 'suyu ısınmaya' başlar!

Su ısındıkça kurbağa gevşemeye, rehavete ve fiziksel atalete düşmeye başlar. Suyun sıcaklığı *yakıcı* seviyeye ulaştığında kurbağa zıplayıp kaptan dışarı çıkmaya çalışır ama artık bacak reflekslerinin 'çalışmadığını' görür. İnsanı hareketsizleştiren bir psikolojik kanser olan ataletin *insanı etki altına alma şekli* de yaklaşık olarak böyledir.

## Her evde bir ataletli vardır!

'Ataletli' insanları nereden tanıyabilirsiniz? Atalet halinde yaşayan kişiler hayatı çok yavaş, *ağır çekim halinde yaşar*. 'Yumurta kapıya gelmeden' harekete geçmezler. Üzerlerine *ölü toprağı* serpilmiş gibi yaşarlar. Tembellik, ümitsizlik, yılgınlık, kötümserlik, miskinlik, bezginlik, şevksizlik karakteristik özellikleridir. İşlerini yaparken sık sık erteler, sürüncemede bırakır, mazeret üretirler. Hayata bakışları sitemkâr, umursamaz, reaktif, eleştirel ve kaygılıdır. Bu nedenle yaşama sevinçleri ve hayat enerjileri çok düşüktür. Onları çağırdığınızda genelde başlarını kaldırmadan kaşlarını kaldırarak size bakarlar!

*Ataletli insanlar sorunlarını bilirler. Çözümlerini de görürler. Sorundan acı da çekerler. Çözümü uygulamak da kendi ellerindedir ama yine de hiçbir şey yapmadan dururlar.*

Sizin hayatınızda böyle durumlar var mı? Hangi alanlarda, hangi yoğunlukta atalet halindesiniz?

Ataletli insanların düşünme biçimine somut bir örnek *zeki olduğu halde dersleri kötü giden* bir öğrencinin durumudur. İşte 'örnek' bir ataletli öğrencinin anatomisi!

> Başarılı bir öğrenci olmak *ister misin?* Evet!
> Başarılı bir öğrenci olmak için *ne yapman (ders çalışman) gerektiğini* biliyor musun? Evet!
> Başarılı bir öğrenci olmak için niçin ders çalışmak gerektiğini de biliyorsun. Evet!
> Okuman yazman var. *Nasıl* ders çalışacağını da biliyorsun değil mi? Evet!
> Ders çalışmayıp başarısız bir öğrenci olmakla *neler kaybettiğini* biliyor musun? Evet!
> Derslerine çalışıp başarılı bir öğrenci olursan *neler kazanacağını* biliyor musun? Evet!
> Elini kolunu bağlayıp ders çalışmana *dıştan engel olan* birileri var mı? Hayır!
> O halde neden derslerinde başarılı değilsin? Bilmem!

Bu soru kalıbını birkaç kez tekrarlamamın nedeni başkalarını değil kendi ataletinizi sorgulamanızı sağlamaktır. Soruların amaç dışı kullanımı, aşağıdaki gibi istenmeyen sonuçlar doğurabilir!

Baba: "Derslerin çok kötü. İnternette chat yapıp duruyorsun. Atatürk senin yaşındayken *ülkeyi kurtarma planı* yapıyordu!"

Oğlu: *"Haklısın ama senin yaşındayken de bir ülke kurtarmıştı!"*

İnsanlar ataletten neden kurtulamıyor? Birinci neden, insanların çoğu atalet halinde yaşadığının farkında bile değil. İkinci neden, insanlar atalet halinde yaşamalarının nedenini kendi içlerinde değil dışlarında arıyorlar. Üçüncü neden insanlar ataleti yenmek için ihtiyaç duydukları teknik bilgiye sahip değiller.

## Atalet üreten inanç ve düşünceler

Değişmezlik inancı: *"Böyle gelmiş böyle gider."*
Etkisizlik inancı: *"Bu işe yaramaz ki!"*
Gereksizlik inancı: *"Yapsam ne değişecek ki?"*
Yararsızlık inancı: *"Bunu yapmanın hiçbir faydası olmaz!"*
Erteleme inancı: *"Bunu daha sonra yaparım!"*
Anlamsızlık inancı: *"Bunu yapmamı istemeleri çok saçma."*
Kontrolsüzlük inancı: *"Bunu yapmak benim elimde değil ki!"*
Yetersizlik inancı: *"Ben kim oluyorum, bu işi yapamam ki?"*
Mükemmeliyetçilik inancı: *"En iyisini yapabilecek seviyeye gelinceye kadar hiçbir şey yapmamalıyım!"*
Başarısızlık beklentisi: *"Ben bu işi yüzüme gözüme bulaştırırım."*

## Kendini eyleme geçirme yöntemleri

Bir işi ya da görevi yapması gereken ama bunu yapmak istemeyen bir insan düşünelim. Bu ataletlinin o görevi kendine yaptırmak için önündeki seçenekler nelerdir? Bu kişi kendini nasıl harekete geçirebilir?

1. *İçten motive olma yolu:* "Bir şeyi yapmam için, onu yapmayı istemem gerekir" varsayımına dayanır. Kişi o görevi yapma isteğinin (motivasyon) içinde oluşmasını bekler veya kendi kendini içten motive ederek o isteği üretmeye çalışır. Kendi kendini motive edemeyenler, isteğin içlerinden gelmesini bekler dururlar. Bu da bir tür atalete teslimiyet demektir.
2. *Dıştan motive edilme yolu:* Kişi kendi içinde motivasyon üretemeyip kaba tabirle 'gaza getirici' bir dış motivatör bulur. Bu, bir kişi ya da bir kitap olabilir. Bu yolu seçenler, "Birileri ya da bir şey beni motive edecek, bunu yapmayı isteyeceğim," diye düşünür. Bu yöntem, hareketi başlatmakta etkilidir ama kesintisiz sürdürülebilir değildir. Hiçbir motivasyon hali sonsuza kadar sürmez.

3. *İç disiplin yolu:* İrade gücünü kullanarak, kendini içten zorlayıp o işi kendisine yaptırabilmektir. Kişi kendi kendine, "Bu işi yapmam gerekiyor, yapmak istesem de istemesem de yapacağım," der.
4. *Dış disiplin yolu:* Bu gruptakiler başlarında bir 'otorite' olmadan çalışamazlar. Bu kişilerde bir tür 'sopa / otorite / dış disiplin bağımlılığı' vardır. Okulda öğretmenleri, evde anne-babaları, askerde komutanları onları zorlamadan çalış(a)mazlar. Bir görev karşısında akıllarına gelen ilk tepki kaytarmaktır.

Benim favorim üçüncü yol. Her zaman, her yerde, en fazla işe yarayan yol kesinlikle iç disiplin yoludur. Ataletin en büyük panzehiri, irade gücüdür. Birinci gruptakiler masa başında ilham getirecek *motivasyon perisini* bekleyerek, ikinci gruptakiler *beyaz atlı motivatörlerini* bekleyerek, dördüncü gruptakiler *korkuyla karışık saygı duyabilecekleri bir otorite* bekleyerek başarılarını dış faktörlere bağımlı hale getirirler. Yelkenli gemiler gibi, rüzgâr estikçe ilerlerler. Üçüncü yolu seçenler, içten motorlu gemiler gibidir; rüzgâra bağımlı değildirler. Gerekirse, yelkenini açarak rüzgârdan da yararlanabilirler.

'Her şey Seninle Başlar'ın anlamı tam olarak budur. Bir dış gücün sizi ileri itmesini beklemeden, içinizdeki irade gücünü kullanarak kendinizi ileri itebilmek demektir.

Bu noktada, kritik bir bilgi vereceğim. *Duran bir nesneyi hareket ettirmek için gereken enerji, hareket eden bir nesnenin hareketini devam ettirmek için gerekenden daha fazladır.* Buna fizik biliminde atalet momenti (hareketsizliğin gücü) denir. Zor ve önemli olan ilk harekettir. Ondan sonrası kartopu gibi büyüyebilir.

Unutmayın, insanlar arasındaki başarı ve başarısızlık farkını belirleyen, sevdikleri işi değil, sevmedikleri işi yapma şekilleridir. Sevdiği işi herkes aynı şekilde yapar. Oysa 'yapmak istemediğiniz ama yapmak zorunda olduğunuz' işler karşısındaki tutumunuz sizin kazananlardan mı yoksa kaybedenlerden mi olacağınızı belirler.

Bir öğrenci matematik sınavına hazırlanıyor. Yapması gereken ders çalışmak ama o ders çalışmak istemiyor. Yapması gereken ile yapmak istediği çatışıyor. Bu an, öğrencinin kaderiyle randevu ânıdır. Üniversite sınav ânından daha önemlidir, çünkü bu Hayatın Seçme Sınavı'dır (HSS). Üniversite sınavını hayatta bir gün yaşarsınız, HSS'yi ise her gün yaşayacaksınız.

Başarılılar, yapılması gerekli işleri, yapmak istemeseler de yaparlar. Kaybedenler, yapılması zevkli işleri hemen yapar, yapılması gerekli olan ama yapmak istemedikleri işler karşısında ise önce birilerini suçlar, sonra birilerine söver, sonra kendi kendine söylenir, sonra kıvranır, sonra erteler, sonra kendilerini suçlar, sonra da 'son dakikada' işleri yetiştirmeye çalışırlar.

Böyle insanların başarısız, mutsuz, yoksul yaşamasına şaşırmamak gerekir. Her insan geçmişinde *yapması gerektiği halde yapmadıkları* ve *yapmaması gerektiği halde yaptıklarıyla* hak ettiği hayatı yaşar.

Hayatta önümüze gelen tüm işler zevkli olmak zorunda değildir. Başarı öyküsünü zevkle okuduğunuz insanlar, o başarıya ulaşmak için hiç de zevkli olmayan o kadar çok iş yaptılar ki. Edison dediği gibi, "başarı güzel görünüşlüdür ama çoğunlukla ter kokar!"

Kendinizi çok fazla şımartmayın:) İsteklerinizi bu kadar önemsemeyin. İstekleriniz gölgeniz gibidir, peşinden koştukça daha fazlasını ister, ona sırtınızı dönüp yürüdükçe, peşinizden gelirler. Gözünüzü hayal ettiğiniz hayata dikin ve yürüyün, gölgeniz peşinizden ister gelsin, ister gelmesin.

## Atak insan olmak için birkaç küçük öneri

*Kişisel Ataleti Yenmek* kitabımda 'atalet savaşçısı' olmak için sistematik ve detaylı çözümler önerdim. Bu kitaptan birkaç ipucunu özetleyebileceğim.

*Ataletten kurtulmanın ilk adımı atalet halinde yaşadığını fark etmektir.* Bu kadar atalet içerisinde yaşadığımız halde ataletin ne olduğunu bile bilmememiz, ataletimizin ömrüne ömür katıyor.

Panonuza şu soruyu yazmakla işe başlayın: *Bugün yapmadıklarımın gelecekteki sonuçları neler olacak?* Prof. Dr. Ali Fuat Başgil'in şu üç kelimesini hayat felsefeniz yapabilirsiniz: "Üşenme, Erteleme, Vazgeçme."

*Eyleme geçmek için mükemmel hale gelmeyi beklemeyin.* Mükemmeliyetçilik yerine *sürekli iyileştirme* felsefesine göre hareket edin. Bir yerden başlayın, yaptıklarınızı aşama aşama düzeltin.

*Büyüklüğün verdiği 'hormonlu egonun yarattığı atalet' tuzağına dikkat edin.* Osmanlı'nın sonunu getiren şey aşırı özgüvenin getirdiği ataletle Batının yeni icatlarını takip etmemesiydi. Yüksek ego şöyle düşündürtür: *"Buldukları iyi bir şey olsaydı, biz bulurduk!"* ya da *"Biz o kadar iyiyiz ki, onlar kadar çalışmadan da başarılı oluruz!"*

*İçinizdeki çatışmaları yönetmek için özenli bir şekilde çaba harcayın.* Kafanızda birbirinin tersine konuşan 'iç kuvvetler'iniz, birbiriyle savaşıp sizi yorabilir. Çoğu insan aşırı derecede iç çatışma yaşadığından, kariyer mücadelesine enerjisi kalmaz ve atalete düşer.

*Önemsiz ama acil işlere boğulma tuzağına düşmeyin, 'önemli işlere öncelik' verin.* Panomdaki bir söz: "En büyük bilgelik, neyi ihmal etmemek gerektiğini bilmektir."

*Unutmayın, hiçbir canlının atalet hali sonsuza kadar süremez.* Ya siz atalet halinize son verirsiniz ya da bir felaket ataletinizi bitirir. Bir gün doktor kanser teşhisi koyunca, 'elimde değil' dediğiniz sigarayı üç saniyede bırakırsınız.

Cehalet gafleti, gaflet ataleti, atalet sefaleti, sefalet felaketi getirir. Atatürk bir konuşmasında bunu vurgular: *"Çalışmadan rahat yaşamanın yollarını alışkanlık haline getirmiş milletler, evvela haysiyetlerini, sonra hürriyetlerini, en sonunda da istikballerini kaybetmeye mahkûmdurlar."*

Ann Landers, *"Tanrı bize iki yuvarlak organ verdi, biri oturmak, diğeri düşünmek için. Başarınız hangisini daha fazla kullanacağınıza bağlı!"* der. Oturmak ya da çalışmak, seçim sizin!

## Engelleri Aşmak ve Sonuç Almak: Bir Kapıyı Kırk Kere Mi Çalmalı, Kırk Kapıyı Birer Kere Mi Çalmalı?

Eski bir Çin hikâyesidir.

*Köyün birinde yaşlı bir adam yaşarmış. Çok fakirmiş ama Kralın bile kıskandığı bir ata sahipmiş. Kral bu at için ihtiyara neredeyse hazinesinin tamamını teklif etmiş ama adam satmaya yanaşmamış. "Bu at, bir at değil benim için; bir dost, insan dostunu satar mı?" dermiş.*

*Bir sabah kalkmışlar ki at yok! Köylü ihtiyarın başına toplanmış. "Seni ihtiyar bunak, bu atı sana bırakmayacakları, çalacakları belliydi. Krala satsaydın, ömrünün sonuna kadar beyler gibi yaşardın. Şimdi ne paran var, ne de atın," demişler.*

*İhtiyar, "Karar vermek için acele etmeyin," demiş. "Sadece 'at kayıp' deyin, çünkü gerçek sadece bu. Ötesi sizin yorumu-*

nuz. *Atımın kaybolması bir talihsizlik mi, yoksa şans mı bunu henüz bilemiyoruz."*

Köylüler ihtiyara kahkahalarla gülmüşler. Aradan 15 gün geçmeden, bir gece ansızın at dönmüş. Meğerse çalınmamış, dağlara gitmiş kendi kendine. Dönerken de vadideki 12 vahşi atı peşine takıp getirmiş. Bunu gören köylüler toplanıp ihtiyardan özür dilemişler.

*"Tamam,"* demişler, *"sen haklı çıktın. Atının kaybolması bir talihsizlik değil adeta bir devlet kuşu oldu senin için. Şimdi bir at sürün var."*

*"Karar vermek için gene acele ediyorsunuz,"* demiş ihtiyar. *"Sadece atın geri döndüğünü söyleyin. Bilinen gerçek sadece bu. Ondan ötesinin ne getireceğini henüz bilmiyoruz. Bu daha başlangıç. Birinci cümlenin birinci kelimesini okur okumaz kitap hakkında nasıl fikir yürütebilirsiniz?"*

Köylüler bu defa açıkça ihtiyarla dalga geçmemişler ama içlerinden, *"Bu adam sahiden budala,"* diye geçirmişler.

Bir hafta geçmeden, ihtiyarın tek oğlu vahşi atları terbiye etmeye çalışırken attan düşmüş ve bacağını kırmış. Evin geçimini temin eden oğul şimdi uzun bir süre yatakta kalacakmış.

Köylüler gene gelmiş ihtiyara. *"Bir kez daha haklı çıktın,"* demişler. *"Bu atlar yüzünden tek oğlun uzun süre bacağını kullanamayacak. Sana bakacak başkası da yok. Şimdi eskisinden daha fakir, daha zavallı olacaksın."*

İhtiyar, *"Siz erken karar verme hastalığına tutulmuşsunuz,"* diye cevap vermiş. *"O kadar acele etmeyin. Oğlum bacağını kırdı. Gerçek bu. Ötesi sizin yorumunuz, sizin verdiğiniz karar. Hayat böyle küçük parçalar halinde gelir ve ondan sonra neler olacağı size asla bildirilmez."*

Birkaç hafta sonra düşmanlar kat kat büyük bir orduyla saldırmış. Kral son bir ümitle eli silah tutan herkesi askere çağırmış. Köye gelen görevliler, ihtiyarın kırık bacaklı oğlu hariç bütün gençleri askere almışlar! Köyü matem sarmış. Çünkü savaşın kazanılmasına imkân yokmuş. Giden gençlerin öleceğini ya da esir düşeceğini herkes biliyormuş.

Köylüler gene ihtiyara gelmişler. "Gene haklı olduğun kanıtlandı," demişler. "Oğlunun bacağı kırık ama hiç değilse yanında. Oysa bizimkiler belki hiç dönmeyecekler. Oğlunun bacağının kırılması talihsizlik değil, şansmış meğer."

"Siz erken karar vermeye devam edin," demiş ihtiyar. "Oysa gelecekte ne olacağını kimse bilemez. Bilinen tek gerçek var, benim oğlum yanımda, sizinkiler askerde... Bunların hangisinin talih, hangisinin şanssızlık olduğunu kim bilebilir ki?"

Bu anlamlı öyküden çıkarılacak dersler nelerdir?

1. Ders : Bu öykü bana dilimizdeki *'hayırlısı olsun'* deyişinin anlamını açıklıyor.
2. Ders: Elde ettiğimiz sonuçlar değil, onlara yüklediğimiz 'iyi' ya da 'kötü' gibi anlamlar ne hissedeceğimizi belirliyor.

Öğrenilmiş çaresizlik ve atalet, elde edilen sonucun aceleyle 'başarısızlık' olarak nitelenmesinden doğar. *Oysa doğada başarı ya da başarısızlık yoktur, sadece sonuçlar vardır.* Başarı ya da başarısızlık, insanların sonuçlara eklediği bir sıfattır. Birkaç denemede istediği sonucu alamayınca, "Ben başaramayacağım," demek, yaşlı bilge karşısında her defasında mahcup olan köylülerin düşünme biçimini kullanmaktır.

## Başarmak amaca uygun sonuç almaktır

Başarılı olmayı *sonuç almakla* ölçenlerdenim. *Başarmak, amaca uygun sonuç almaktır.* Amaç sonucun önceden tasarlanması, sonuç amacın gerçekleştirilmesidir. Amaca uygun sonuç alınması da başarının kendisidir.

Başarmak sonuçları konuşturmaktır. Başarısızlar *çok konuşmayı*, başarılılar *sonuçları konuşturmayı* bilir. Maçlarda yenilen yenenden daha çok konuşur. Hiçbir şey, mükemmel kotarılmış bir sonucun yerini tutamaz. *Hiçbir açıklama, 'sonuç almak' kadar başarılı değildir.* Büyük başarmak, düşmanının bile alkışlayacağı sonuçlar almaktır. Türk kültürü de sonuç odaklıdır. Biz başarıyı sonuç almakla ölçeriz. Hatice'ye değil *neticeye* bakarız! Ölçülebilir sonuçlar almak ya da aldığı sonuçları *ölçülebilir* şekilde gösterebilmek, *tartışmasız başarı* kazanmanın bilinen en iyi yoludur. Alınan sonucun boyutları, başarının büyüklüğünü belirler. *Yasal ve ahlaki sınırları ihlal etmemek kaydıyla, sonuç almak her şeydir.* Geçmişte bir insanın başarısı onun hakkındaki kanaatlerle yargılanırdı, şimdi daha objektif bir gösterge olan *skor tabelasına* bakılıyor. Her mesleğin skor tabelası oluşturuluyor. Başarıyı ölçmek için *performans değerlendirme sistemleri* kuruluyor.

Her mesleğin *skor tabelası* farklıdır. Bir satıcı için en iyi sonuç yüksek cirodur. Bir TV programcısı için reyting raporundaki sıralamadır. Film yapımcısı için gişedir. Futbol takımı için skor tabelasında yazandır. *Skor tabelası insanların kanaatleri gibi subjektif olmayıp objektif ve ölçülebilir bir kıyaslama imkânı sunduğu için değerlidir.* Geniş kitleler de bir başarıyı değerlendirirken özellikle sonuca bakar. İnsanlar, hayatta karşılaştığınız rüzgârlarla (engel) değil, gemiyi limana götürüp götüremediğinizle (sonuç) ilgilenirler.[13]

Alınan sonucun değeri neye bağlıdır? İmkânsızlıklar içinde mücadele edip, büyük sonuçlar almak o başarıyı daha da 'seksi' yapar. Bu yüzden Vehbi Koç'un başarı öyküsü her zaman oğlu Rahmi Koç'unkinden daha görkemli olacaktır. *Zengin çocuklarının başarılı olmasının önündeki en büyük engel, engellerinin olmamasıdır! Engelinizi sevin, aşacak engel bulamayan da var!*

## Başarmak bir sonuca bazı engelleri aşarak ulaşmaktır

*Bir insanın bir sonuç alması değil, o sonucu büyük engelleri aştıktan sonra alması başarıdır.* Ülkenin en zengin adamının oğlu bir milyon dolarlık bir şirket kurarsa, bu bir başarı değildir. Oysa bir simitçi, sıkı çalışarak kazandığı parayla simit satan tezgâhlar zinciri kurup bir milyon dolarlık ciro yaparsa bu bir *başarı öyküsü*dür. *Aşılan engel ne kadar büyük olursa, ulaşılan başarı o kadar görkemli olur.*

Bir milyon doları olan iki kapıcı düşünün. Biri bu parayı piyangodan kazansın. Diğeri ise kapıcıyken, aynı zamanda bir şeyler satarak iş yapsın ve kazandığı parayla önce büfe, sonra market, en sonunda mağazalar zinciri açan biri olsun. Hangisine *başarılı* dersiniz? 'Sonuca' bakılırsa ikisinin de bir milyon doları var. Bulundukları yer aynı! Hatta geldikleri yer de aynı!

İş yaparak kazananın 'başarı öyküsü' vardır, çünkü o sonucu almak için çok sayıda 'engel' aşmıştır. *Engel aşmadan bir yerlere gelenlerin ya da bir şeylere sahip olanların başarı öyküsü yazılmaz.* Çünkü ortada bir 'başarı öyküsü' yoktur! Peki bu durumu bile bile insanların bir engelle karşılaştığında, "*Bu engel olmasaydı ben de başarılı olurdum,*" demesine ne demeli? Asıl bu engel olmasaydı başarılı olamazdın!

*Engelleri aşmak başarılı biri olarak görülmek için gereklidir ama yeterli değildir. Bu engellerin çoğunluğun aşamadığı engeller olması da gerekir.* Doğarken de bir sürü engeli aşarız ama doğmak bir başarı değildir. Kimsenin sırf doğabildi diye başarı öyküsü yazılmaz. Çünkü insanların çoğunluğunun üstesinden gelebildiği bir zorluktur. *Sosyal başarı çok sayıda insanın olmak istediği bir yere, az sayıda insanın aşabildiği engellerin üstünden geçerek ulaşmaktır.*

*Ne ilginçtir ki, çoğu insan başarılı olmak istiyor ama engellerle karşılaşmak istemiyor!* Oysa eğer engeller olmasaydı, 'kazanmak' diye bir şey de olmazdı. Engeller hak edenlerle etmeyenleri, yeterli olanlarla olmayanları ayırmaya yarar. *Doğanın bu elemedeki kriterlerini beğenmeyebilirsiniz ama bu konudaki itirazlarınızın doğa için bir önemi yoktur.* Çünkü 'güneş sistemi sizin onun hakkında ne düşündüğünüze aldırmaz!'[14] Sizin işiniz doğanın *eleme yasalarını* çözmek ve onlara uymaktır. Doğanın sizi başarılı yapmak gibi bir projesi yok, başarılı olmak isteyen sizsiniz!

*Engeller ne kadar büyük olursa, kaybeden de o kadar çok olur, ki bu da kazananları daha büyük yapar.* Sosyal başarılarda, kaybeden ne kadar çoksa, kazanan o kadar büyük olur. Her yüz öğrenciden 90'ı lise ikiden lise üçe geçebilirken, üniversite sınavında her 100 öğrencinin 90'ı sınavı geçemez. Bu yüzden üniversite sınavını kazanmak, lise ikiden lise üçe geçmekten daha *büyük* başarıdır.

Engel amaç ilişkisinde ilginç bir diğer nokta bir engelin *büyüklüğünün subjektif olup, o engel aşıldığında ulaşılacak hedefin büyüklüğüne göre değişmesidir.* Amacınız çok büyük ise, önünüzdeki engeller gözünüzde küçülmeye başlar! Engeli aşma karşılığında alacağınız ödül (hedef) küçük ise, engel gözünüzde büyümeye başlar. *Büyük düşünmenin en büyük faydası, önünüzdeki engelleri küçük görmenizi sağlamasıdır.* Tabii ideal olan, engelleri ideal boylarında görmektir ama illa farklı görülecekse, engelleri *gözde büyütmemek* tercih edilir.

## Sonucun gelmesi gecikince ne yapmalı?

Başarılı olmayı sonuç almakla ölçmek doğrudur ama sürekli iki gözü sonuçta yaşamak doğru değildir. Skor tabelasına bakmak, neyin işe yarayıp neyin işe yaramadığını görmek için yararlıdır. Zararı ise maraton tipi başarılarda, *uzun süre sonuç görmese de kararlı bir şekilde çalışmak gerektiğinde,* sabırsız kişilerin pes etmesine neden olmasıdır. İkinci zararı ise *iyi oynadığı için kazanan* kişiler yerine, sadece *kazanmak için oynayan* lejyoner ruhlu insanlar yaratabilmesidir.

Genç çekirge yaşlı karate hocasına sorar:
- Ne kadar sürede sizin seviyenize gelirim?
- 10 yıl!
- İki katı çalışsam?
- 20 yıl!
- Üç katı çalışsam?
- 30 yılda!

- Ne kadar çok çalışsam, süre o kadar uzuyor, bu nasıl iş hocam?
- Sen gözünü sonuca dikmişsin. *İnsanın gözü bu kadar sonuçta olunca, önünü görmesi için tek gözü kalıyor!*

Bir an önce sonuç görmeye eğilimli sabırsız gençlere kıdemli işadamları, "Civcivlerini yumurtadan çıkmadan saymaya kalkma," der, *"Diktiğin fidanın kök tutup tutmadığını görmek için her gün yerinden sökersen, hiçbir zaman kök tutamazlar!"*

Kısa zamanda sonuç görmek isteyenler atalete ve öğrenilmiş çaresizliğe en yatkın insanlardır. Üç denemede sonuç alamayınca, iki ret cevabıyla karşılaşınca, yüzlerine kapanan ikinci kapıda hayallerinden vazgeçerler. Üstelik başarı öyküsünü okudukları kişilerin bunun tam tersini yaptığını bile bile!

Hemen sonuç görme eğilimliler maraton tipi uzun vadeli başarıları gerçekleştirememektedir. Mesela İngilizce öğrenmek ya da üniversite sınavını kazanmak, yaklaşık bir yıl çok yoğun çalışılarak elde edilebilecek maraton tipi başarıdır. Bu gibi uzun vadeli başarılarda, uzun süre skor tabelasına bakmadan işini en iyi şekilde yapabilenler kazanırlar. Hemen sonuç görme eğilimi özellikle 'yeni neslin' en büyük zafiyetidir.

Başarı yolunda giderken bazen tembellik etmeden sabırla beklemeyi bilmelisiniz. En hırslandığınız anda, şartlar sonuç almaya uygun değilse, *doğru zamanı beklemek* için içinizdeki frenlere basabilmelisiniz. *Tutkunuzu kaybetmeden kendinizi 'rölantiye' alabilmelisiniz.* Bazen de yaptıklarınızın herhangi bir sonucunu göremeseniz de elinizden gelenin en iyisini yapmaya devam etmelisiniz. En görkemli başarılar, elde kanıt olmadan bir büyük rüyanın peşinde tutkuyla yürüyenlerin yaptıklarıdır. İstatistiksel olarak bakıldığında bu tarzda gidenlerin çoğunluğu başarısız olur ama başarılı olanları 'büyük' bir iş başarmış sayılır.

Ben hiçbir tutkulu çabanın karşılıksız kalmayacağına, büyük başarı için *uzun süre sonuç görülmese* de tutkuyla çalışmak gerektiğine inananlardanım. Ne demek istediğimi Jacob Riss'in bir metaforu çok iyi anlatıyor: *"Çaresiz kaldığım zamanlarda gider, bir taş ustası bulur, onu seyrederim. Adam belki yüz kere vurur taşa. Ama değil kırmak, küçücük bir çatlak bile oluşturamaz. Sonra birden, yüz birinci vuruşta taş ikiye ayrılıverir. İşte o zaman anlarım ki; taşı ikiye bölen o son vuruş değil, ondan öncekilerdir."*

## Aşılamayan engeller karşısındaki seçenekler nelerdir?

İstediğiniz hedefe ulaşmak için birkaç denemede istediğiniz sonucu alamadıysanız önünüzdeki seçenekler nelerdir?

1. *Sabır yolu.* Tembelliğe düşmeden beklemeyi deneyebilirsiniz. Şartlar olgunlaşıncaya kadar beklemek sonuç almayı kolaylaştırır. Doğru zamanı, doğru zemini bekle ve tekrar dene!
2. *Esneklik yolu.* Hiçbir hedefe tek yoldan gidilmez. Başka yolları dene. Bir hedefe giden yol, gökteki yıldızların sayısı kadardır. Bir kapıyı kırk kere çaldığında açmadılarsa, kırk kapıyı daha çal. Esnek ol. Öteki seçenekleri yokla.
3. *Kararlılık yolu.* Kendini ve şartları zorla. Tüm konsantrasyonunu ver ve tüm gücünle yüklen. Kırk yere bir metrelik kuyu kazma, bir yere kırk metrelik kuyu kaz. Kırk kapıyı çalma, bir kapıyı kırk kere çal. Açan olmadıysa çilingir çağır! Kapıyı farklı anahtarla açmayı dene. Olmadıysa kapıyı kır! Kararlılık en olmazı oldurur.
4. *Yeni akıl yolu.* İnsanın yolu değil aklı tıkalıdır. Kör noktalarını görmek için ya aklını geliştir ya da başka insanların fikrini sor. Yeni bir çözüm için gereken yeni bir akıldır. Unutma: "Zihin paraşüt gibidir, açıldığında iş görür."
5. *Kendini geliştirme yolu.* Başarısızlık *yetersizlikten* doğar. Kendini engellerinden büyük hale getir. O kadar değerli hale gel ki, o kapıdan geçmen için seni davet etsinler!
6. *Modelleme yolu.* O engelleri başkasının nasıl aştığını öğren. En iyileri taklit et. Yapanlar nasıl yapmış?

7. *Öğrenilmiş çaresizlik yolu.* O hedeften vazgeç. Kendini bırak ve bir daha deneme. Müslüm Gürses'in *'Kul Kaderini Yaşar, Bahtına Ne Çıkarsa'* şarkısını dinle. Bunalıma gir ve hiçbir şey yapma!

### Kararlı olmak mı, esnek olmak mı?

Bir engelle karşılaşıldığında en zor karar şudur: *O engeli aşmak için kararlılıkla devam mı etmeli, yoksa başka bir kapıya mı yönelmeli? Bir kapıyı kırk kez mi çalmalı, kırk kapıyı bir kez mi çalmalı?* Kararlı olup bir seçeneği zorlamak mı doğrudur, *esneklik* gösterip öteki ihtimalleri yoklamak mı?

Maalesef bu sorunun kesin bir cevabı verilemiyor. Hangi tarzın doğru olduğu *'duruma göre değişir.'* Durum neye göre değişir? Kapıyı çalana, çaldığı kapıya ve kapıyı çalış şekline göre değişir! Bazen kararlılık gerektiğinden bir kapıyı kırk kez çalmak doğrudur. Bazı kapılar ise kırk kez çalınsa da açılmayacak haldedir, başka kapıları denemek gerekir.

*Hayatta ne zaman sabırla beklemek, ne zaman ısrarla devam etmek gerekir?* Defalarca denediğimiz halde istediğimiz sonucu alamıyorsak, doğru zamanda tekrar denemek üzere beklemeye mi geçmeliyiz, yoksa ısrarla devam etsek sonuç alır mıyız? Bunun cevabı da duruma göre değişir! Ne yapılması gerektiğine kendi aklınızı ve kitaptan öğrendiklerinizi kullanarak karar vermelisiniz.

İnsanları başarılı ya da başarısız yapan, başarıyla ilgili öğrendiği teorik bilgiyi pratik durumlara başarıyla uygulayabilmeleridir. Kitaptan, insanlardan, kendinden öğrendiklerini *önündeki durumun gereğine göre yorumlayıp uygulayabilenler* başarılı olabilmektedir. Başarılı 'yapılanların' başarı öyküsü olmaz! Her şey sana bağlı!

Bir şeyi defalarca deniyor ama istediğimiz sonucu alamıyorsak, bazı insanlar sadece *kararlı şekilde devam etmeyi* önerirler. Sloganları şudur: *"Damlayan su taşı deler. Taşı delen suyun gücü değil damlaların sürekliliğidir."* Bazen haklıdırlar ama her zaman değil.

Bir arı şişenin içine konur ve şişenin tabanı ışığa doğru çevrilir. Aynı şişeye bir de sinek konur. Arı ve sinek familyası, kafaları karışınca ışığa doğru uçar! Bizim arı ve sinek de ışığa doğru uçmaya başlarlar ama kafalarını şişenin dibine çarparlar. *Sinek birkaç denemeden sonra aynı yere kafasını vurmaktan vazgeçer ve şişenin ağzını bulup çıkar.* Buna karşın kararlılığı ve çalışkanlığı ile *'marka' olan arı, günlerce kafasını şişenin tabanına vurur, açık olan şişenin ağzını bulup çıkamaz.* Bu örnekte arı *kararlılık körlüğü* yaşadı. Esneklik gösterip başka yollar aramadı. Stratejiniz yanlış ise kararlılık yetmez. Atasözüdür: "Kuru gayret, sadece çarık eskitir."

Kırk kapıyı bir kez mi çalmalı, bir kapıyı kırk kez mi? Bu konuda insanların ne düşündüğünü tespit etmek için bir anket yaptırdım.

Kişisel Gelişim Merkezi (kigem.com) üyelerine sorduk: *"Bir hedefe giderken geçmeniz gereken bir kapı kapalı. Kapının ötesine geçmek için o kapıyı kırk kez çalmayı mı tercih edersiniz, yoksa kırk farklı kapıyı birer kez çalmayı mı?"*

> Aynı kapıyı kırk kez çalarım, ısrar işe yarar. **605**
> Kırk farklı kapıyı birer kez çalarım, hangisi açılırsa. **1064**
> Ne yapacağım o anki kafama göre değişir. **331**
>
> Ankete Toplam Katılım : **2000**

Anket sonuçlarına göre insanlar artık başarı sürecinde *kararlı olmak* yerine, *esneklik göstermeyi* tercih ediyor. Kararlılıkla bir kapıyı kırk kez çalmak yerine esneklik gösterip kırk farklı kapıyı çalmayı akıllıca buluyor. Bir ihtimale adanmak yerine öteki 'seçenekleri' yoklamayı seviyor. Bu yeni eğilimin anlamını öğrenmek için dipnotu izleyin![15]

### Engeller karşısındaki iki temel insan tavrı

Şimdi kitaptaki en önemli ayrımlardan birine geldik. Birkaç derin nefes alıp vererek kendinizi bu önemli ayrımla randevunuza hazırlayın!

Birinci sınıf başarılılar ile üçüncü sınıf başarısızların beyinlerindeki en büyük fark nedir? 'Olsaydı' ve 'rağmen' kelimelerini kullanma biçimleri! Bu iki kelimeyi kullanma biçimleri *eylemci* insanlarla *söylemci* insanları birbirinden ayırır.

Engeller karşısındaki tavırlarına baktığımda insanları ikiye ayırıyorum:

1. Saydıcılar.
2. Rağmenciler

Bir hedefe doğru yürürken bir takım engellerle karşılaştığında, bazı insanlar *engelleri nasıl aşacağını* bulmayı ve bulduğu *çözümleri uygulamayı* deniyor. Engellere 'rağmen' ilerlemeye çalışıyor. Bu gruba **rağmenciler** diyorum.

Daha büyük çoğunluk ise, engellerle mücadele etmek yerine *söylenmeyi*; o engeli ya da engeli önüne koyduğunu düşündüğü kişileri *suçlamayı* seçiyor. O engel 'olma*saydı*', nasıl da harika işler başarabileceğini anlatıyor. Bu gruba da **saydıcılar** diyorum.

Rağmenciler; önlerine çıkan engellere *'rağmen'* hedeflerine ulaşanlar, en azından bunun için yılmadan çaba gösterenlerdir. Saydıcılar ise, önlerine çıkan engeller karşısında, o engeller 'olmasaydı' neler yapabileceklerini anlatıp duran, o engelden dolayı suçlayacak birilerini arayan arkadaşlardır. Bir insan hayatının bazı noktalarında rağmenci, bazı noktalarında saydıcı da olabilir.

### Beraber ve solo söylenme korosu: 'Saydıcılar'

Bunca yıllık kariyerimde beni en çok şaşırtan gözlemlerimden biri şudur; *insanların çoğunluğu başarılı olmak istiyor, ama en-*

*gellerle karşılaşmak istemiyor!* Cennete gitmek istiyor ama ölmek istemiyor!

Bu yargıya nasıl vardım? Karşımdaki kişilerin içi 'saydı' dolu cümlelerinden dolayı.

"Eğer param ol*saydı*..."
"Eğer müdür ol*saydım*..."
"Eğer yabancı dilim ol*saydı*..."
"Eğer elimden tutan ol*saydı*..."
"Eğer bizim de Batılılar gibi imkânlarımız ol*saydı*..."

Bu teoriyi geliştirdikten sonra beynimde otomatik çalışan bir 'saydısayar' oluştu! Bir insanı dinlerken kullandığı her 'saydı' kelimesini beynim kendiliğinden sayıyor! Bir insanın gelecekte *başarılı olabilme potansiyelini* kullandığı 'saydı' sayısından anlayabiliyorum!

'Saydıcılar', nasıl başarılı olabileceklerinden daha çok, *neden başarılı olamadıklarını açıklamaya* kafa yoran insanlardır. Mazeret bulma merkezi gibi çalışırlar. Eylemci değil söylemcidirler. Sürekli *niye yapamadıklarını* açıklamaya kafa yorarlar, *nasıl yapabileceklerine* değil!

Saydı mantığıyla düşünenler neden hayatı patinaj halinde yaşar? Benjamin Franklin cevabı biliyor: *"İyi mazeretler bulmayı başaranların, başka bir iş başarabildikleri pek görülmemiştir!"* Neden çıkardıkları gürültü çok, bitirdikleri iş yoktur? Cenap Şahabettin cevabı biliyor: *"Yerinde sayanlar yürüyenlerden daha çok gürültü çıkarır!"*

Bu ülkede başarısızların resmi dili, Türkçe değil '*saydı*ca'dır! Baş nakarat şudur: "Benim de elimden tutan biri ol*saydı*!"

Bu topraklarda kurulmuş efsanevi 'saydı' cümlesi eski bir Milli Eğitim Bakanına aittir: "Şu okullar olma*saydı*, Maarifi (Milli Eğitim Bakanlığını) ne güzel idare ederdim!" Bir öğrenci de şöyle buyurmuştu: "Üniversite sınavı olma*saydı*, üniversiteyi kesinlikle kazanırdım!"

Urfalı İbrahim Tatlıses'in, "Urfa'da Oxford ol*saydı*, biz de okurduk!" demesine ne demeli?

Futbol takımlarımız yıllarca başarısızlıklarını, "Saha çamurlu olma*saydı*...", "Hakem taraf tutma*saydı*..."diye açıkladı bize. Bu kültürü değiştiren insan Fatih Terim'dir. Terim ilkesi: *"Yeneriz ya da yeniliriz ama asla mazeretlerin arkasına sığınmayız!"*

Bir kamu bankasında eğitim verirken, bazı çalışanlar (saydıcılar) eğer kurumları özel sektör bankası ol*saydı*, ne kadar başarılı olacaklarını, kamu bankasında çalışma şartlarının farklı ve zor olduğunu anlatıp dururlar.

Özel sektör bankasının çalışanlarına seminer verirken, katılımcı grubun içindeki saydıcılar bu defa; eğer devlet bankası *olsalardı* daha başarılı olabileceklerini, çünkü halkın *arkasında devlet olan* bankalara daha fazla güvendiğini, kamu bankalarının *yasal ayrıcalıklarının* olduğunu, devlet bankalarıyla eşit şartlarda rekabet edemediklerini söylerler!

*'Saydı'cılar başarısızlıklarının nedenini değiştirilmesi kendi ellerinde olmayan faktörlere bağlamakta ustadırlar.* Bir 'saydı'cının akıl yürütme biçimiyle kesinlikle başa çıkamazsınız! Mesela bu kitabı okurken şöyle diyebilirler: "Mümin Sekman bu kitabı daha önce yazmış ol*saydı*, ben de zamanında başarılı olurdum!"

Buna cevap vermeye çalışsanız da başa çıkamazsınız. Hiçbir şey bulamazlarsa şöyle derler: "Bende bu saydı mantığı olma*saydı*, ben de başarılı olurdum!"

Altına imza atabileceğim tek 'saydı' cümlesi budur.

## Rüzgâra rağmen yürüyenler: 'Rağmenciler'

Bu gruptakiler, 'saydıcılar'ın tam tersine, bulundukları *herhangi bir durumda nasıl başarılı olacaklarına* kafa yorarlar. Şartları, önlerindeki engelleri, kendilerine destek olmayanları suçlamak yerine, *"Şimdi ve bu şartlarda elimden gelenin en iyisini nasıl yaparım?"* diye düşünürler. Su gibi eğimli buldukları yerden akarlar. Önlerine set çıkarsa seti suçlamaz, kendilerini büyütür, setin üzerinden aşarlar.

'Elimden tutan ol*saydı*' gibi başkalarını kendisine karşı borçlandıran inançlara beyinlerinde yer vermezler. Dış destekle değil, *iç güçlerini kullanarak* bir şeyler yapmaya çalışırlar. İşler kötü gittiğinde şanslarının dönmesini beklemek yerine, çabalarını iki kat çoğaltmayı seçerler. *Zor zamanlarında daha fazla çalışırlar.* Engelleri ve imkânsızlıkları, dehalarını kanıtlamak için bir fırsat görürler.

*Sıfırdan zirveye başarı öyküleri, rağmencilerin yaşam öyküsünden çıkar.* Diğer grubun tersine unvan maçını severler. Karşılaştıkları her engelde kendilerini sınarlar. Bir engeli aştıklarında kazandıkları ivme ile diğer engeli aşma enerjisini kendi içlerinde üretirler.

*Eğer önlerinde hiçbir engel yoksa, göz alıcı bir başarı üretme şanslarının da olmadığını iyi bilirler.* Bu nedenle engellere karşı, bir tür minnettarlık duygusu taşırlar. Engellerin başarıyı hak edenle hak etmeyeni ayıran, çok yararlı bir mekanizma olduğunu düşünürler.

Rağmenciler;
- Paraları olmamasına *rağmen*,
- Yetkileri olmamasına *rağmen*,
- 'Ellerinden tutan' kimse olmamasına *rağmen*,
- Kıskanç bir çevreleri olmasına *rağmen*,
- Steril ve seçkin şartlarda çalışmamalarına *rağmen*,
- Rakiplerinin imkânlarına/ayrıcalıklarına sahip olmamalarına *rağmen* yine de işlerine asılırlar. Bu yüzden en çarpıcı başarı öyküleri bu gruptakilerden çıkar.

Rağmenciler, kariyerlerine ilk başladıklarında sıfır noktasındadırlar; paraları, ilişkileri, imkânları, 'ellerinden tutanları' yoktur. Büyük iş başarma tutkuları ve özgüvenlerinden başka, 'başlangıç sermayeleri' yoktur. *Sırtlarını kendilerine yaslayarak harekete geçerler. Felsefeleri: Her şey benimle başlar, benimle yürür, benimle biter.*

## Sorunun değil çözümün parçası olun

Çok sevdiğim için defalarca anlattığım, bir fıkra 'saydıcı' paradigma ile 'rağmenci' paradigma arasındaki farkı çok iyi anlatır:

Kısa boylu ve zayıf bir genç, yanında duran uzun boylu ve iri yapılı kuzenine dönerek, "Ben senin yerinde *olsaydım*, dünya ağır sıklet boks şampiyonu olurdum!" der.

Kuzeni cevap verir: *"Seni dünya hafif sıklet boks şampiyonu olmaktan alıkoyan ne?"*

Bundan çıkarılacak ders, sizden daha iyi durumda olan insanların şartlarına özenip, onların *yerinde olsaydınız* neler yapabileceğinizi düşünmek yerine, *şu anda bulunduğunuz yerde*, kendi şartlarınızda elinizden gelenin en iyisini yaparak, kazandıklarınızla şartlarınızı iyileştirerek nasıl ilerleyebileceğinizi düşünmeniz gerektiğidir.

- "Başbakan *olsaydım* bu ülkeyi adam ederdim" değil,
- "Müdür *olsaydım* bu şirketi kurtarırdım" değil,
- "Bir milyon dolarım *olsaydı*, çok iyi iş adamı olurdum" değil,
- "Hülya Avşar'ın güzelliği bende *olsaydı* neler yapardım" değil.

"Vehbi Koç'un parası bende *olsaydı*, ben de iş hayatında başarılı olmayı bilirdim!" demeyin. *Vehbi Koç, böyle düşünseydi sizin yerinizde olurdu!* "Urfa'da Oxford ol*saydı*, biz de giderdik!" diye düşünmeyin. 'Saydıcı'lar Oxford'a girebilseydi, Oxford Şanlı Urfa'da olurdu!

Hiçbir şeye sahip olmadığınız halde, her türlü engele *rağmen* yapmanız gerekenleri yapabilmelisiniz. Atatürk'ün gençliğe hitabesinde dediği gibi *'vazifeye atılmak için, içinde bulunduğun vaziyetin imkân ve şartlarını düşünmeyeceksin!'*

Her şeye rağmen, *şimdi* ve *buradan* başlamayı seçin. Göle düşmüş bir taşın yarattığı dalga gibi *içten dışa adım adım* büyüyün. Sorunun değil, çözümün parçası olun. Söylemcilerden değil, eylemcilerden olun. Suçlamak yerine sorumluluk almayı deneyin. Bir Çin atasözünü aklınızdan hiç çıkarmayın: *"Birini işaret ederek suçlarken dikkat edin, diğer üç parmağınız sizi gösteriyor!"* Arkanıza kendinizi aldığınızda yapamayacağınız şey yok. Her şey seninle başlar!

## Benim yolum: "Ya bir yol bul, ya bir yol aç, ya da yoldan çekil!"

İlk kitabımın adı, engeller karşısındaki duruşumu özetliyor: "Ya bir yol bul, ya bir yol aç, ya da yoldan çekil!" İnsan yolunun tıkalı olduğunu düşünüyorsa ne yapmalı? Ya yeni bir yol bulmalı, ya yeni bir yol açmalı ya da yoldan çekilmeli!

Yazar Mustafa Güngör'ün, *"Çaba göstermeden kazandığın birçok şey, diğer şeyleri kazanmak için gösterdiğin çabanın ürünüdür,"* tespitine çok inanıyorum. *Bugün çaba harcamadan kazandıklarımız, geçmişte çok çaba harcayıp da kazanamadıklarımızın geri dönüşüdür. Gösterip de karşılığını alamadığımız çaba, hiç beklemediğimiz başka şeyleri bize kazandırır.* Sıkı çabanın her zaman birden çok ödülü vardır ve asıl beklediğinizi getirmezse, beklemediğiniz bir şey getirecektir. Bir duvar yazısında görmüştüm: *"Boşa kürek çekiyorum diye üzülme, hiç olmazsa kol kasların gelişir!"*

İnanırım ki, her tutkulu çalışma, bağırarak ileriye attığımız bir söz gibidir. Hayat ise çok uzakta bekleyen bir dağa benzer. Yaptıklarımız oraya gider ve çarpıp geri gelir. Bu arada geçen zamanda sabır, çaba ve umudu kaybetmememiz gerekir. *Bir de yaptıklarımızın geri geldiğinde bizi bulabilmesi için o yolda durmamız şarttır.* Bir işi uzun süre istikrarlı bir şekilde iyi yapmanın gücünü kesinlikle hafife almayın. *Elinden gelenin en iyisini yap ve yaptığın yolda dur.* Kendi kariyerimde de ilk beş yılda on çalıştım bir kazandım, şimdi bir çalışıp on kazanıyorum. *Eğer yolumu değiştirseydim, karşılıksız çalışmalarımın geri dönüşü geldiğinde beni bulamayacaktı.*

İlk engelde, ilk yenilgide pes etmemenin bir yolunun da *büyük resmi görmek* olduğunu düşünüyorum. İçinde dolandığınız labirente bir de üstten bakmayı deneyin! Mesela alınan bir yenilgide Fransızların efsanevi devlet başkanı Charles De Gaulle gibi, *"Muhabereyi kaybettik ama harbi kaybetmedik,"* mantığıyla düşünmek zekice bir yoldur. Bir gol yiyebilirsiniz ama 'maç doksan dakika', hayat ortalama 70 yıl!

İlk başarısızlıkta dağılmamanın bir yolu da, başka başarılı insanların *başarısızlığı ele alış biçimini* öğrenmektir. Birkaç örnek:

Henry Ford: *"Başarısızlık yeniden ve daha zekice başlayabilme fırsatından başka bir şey değildir."*

Shakespeare: *"Bazı yıkılışlar daha parlak kalkışların teşvikçisidir."*

William Word: *"Başarısızlık ecel değil, öğretmendir. Başarısızlık yenilgi değil, gecikmedir, çıkmaz sokak değil, virajdır."*

Jacop Riss: *"Bazı yenilgiler başarının taksitleridir."*

## Özgüveni Geri Kazanmak:
## Bize Neden 'Düş İşleri Bakanlığı' Gerek?

Bir Kızılderili hikâyesidir.

*Bir kartalın yumurtası tavuk yumurtalarının arasına karışmış.* Yumurtadan çıkan yavru tavuk olduğunu zannederek, onlar gibi yürür, onlar gibi yem yermiş. Bir gün gökte süzülen bir kartal görmüş. Hayranlıkla söylenmiş.

*"Ne muhteşem bir kuş! Ne kadar yüksekten uçabiliyor. Keşke ben de onun gibi olabilsem!"*

Yanındaki civcivler ona gülmüşler. *"Biz bir tavuğuz, o ise bir kartal. Boşuna hayallere kapılma. Onun gibi yükseklerden uçamazsın."*

Kartal yavrusu çok üzülmüş. Çünkü kendisinin bir kartal olduğunu bilmiyormuş. Birilerinin ona kartal olduğunu söylemesi ve buna onu inandırması gerekiyormuş. *Ama söyleyen olmayınca hayatı boyunca tavuklar arasında, bir tavuk olarak yaşamış!*

Tipik bir *öğrenilmiş güçsüzlük* örneği. Kendini tavuk gören bir kartal. Öğrenilmiş çaresizlik kartalı tavuğa, aslanı kediye çevirir. Özgüveni eriterek insanın kendini *olduğundan küçük görmesine* neden olur.

Yaşadıklarımızdan çıkardığımız *öğrenilmiş başarısızlık dersleri* üç şeyi unutmamıza neden olur:

1. Daha büyük bir hayatı hayal edebilmeyi.
2. Daha fazlasını başarabilme özgüvenini.
3. Bir daha deneme cesaretini.

### Peki özgüven nasıl geri kazanılır?

*Yiğit düştüğü yerden kalkar!* Bu atasözü özgüvenimizi kaybettiğimiz yerde bulacağımızı gösterir. Sizi öğrenilmiş güçsüzlük psikolojisine sokan olayları, bu kitaptan öğrendiklerinizi kullanarak bir daha düşünün. Zihinsel arşiv kayıtlarınızı ve kişisel tarihinizi yeniden düzenleyin.

Öğrenilmiş çaresizlik araştırmacılarına göre, başarısızlık içsel yerine dışsal faktörlere bağlandığında daha az özgüven kaybı yaşanıyor. Bu bakış açısı kişinin başına gelene katkısını görmesini zorlaştırıyor ama kendine güveninin azalmasını da önlüyor. Başarısızlığın kalıcı değil geçici olduğunu düşünmek de özgüven kaybını azaltıyor. Buna karşın başarısızlık durumunda sadece o işte başarısız olduğunu düşünmeyip, başarısızlığı genellemek özgüveni eritiyor. Bu kriterlere göre kişisel tarihinizdeki özgüven çökerten başarısızlık örneklerini yeniden yorumlamaya ne dersiniz?

*Özgüvenin en önemli kaynağı elde edilmiş başarılı sonuçlardır.* İnsan başarılı olmak için kendine güvenmeye ihtiyaç duyar, başarılı oldukça da kendine güveni artar. *Sonuçlar ile özgüven insanın sağ ve sol bacağı gibidir. Birbirinden destek alarak insanı ileriye götürürler.* Yürürken, sağ ayağımızı ileri atmak için sol bacağımızın üstüne sıkıca basarız. Başarabilirim inancı ile sonuçlar arasındaki ilişki de böyledir. Sonuçlardan özgüven gelir, özgüvenden de başarılı sonuçlar. Yüksek not alan öğrenci okul birincisi olabileceğine *inanır*, okul birincisi olabileceğine *inanabilen* öğrenci daha yüksek notlar almaya başlar.

*Özgüvenimiz başkalarının bizi nasıl gördüğünden çok, bizim kendimizi nasıl gördüğümüze bağlıdır.* Kendi gözünüzdeki imajınız, kendinize ne kadar güveneceğinizi ve değer vereceğinizi tayin eder. Kendi gözünüzdeki 'karizmanızı' kaybetmeyin!

*Hayata başladığınız yer ile şu an bulunduğunuz yer arasındaki fark da özgüven kaynaklarından biridir.* Dün yapabildiğinden daha iyisini bugün yapabilmek 'yaptığım yapabileceğimin teminatıdır' duygusu yaratır.

Özgüven ya da güvensizlik bulaşıcıdır. *Özgüveni yüksek insanlarla birlikte yaşadıkça hayatı onlar gibi algılamayı öğrenirsiniz.* 'Kaygıyayar' insanlarla yaşarsanız, size *korku merkezli yaşamayı* öğretirler. Arkadaş seçiminizi bir de bu kriterle değerlendirmeye ne dersiniz?

Ben 'gençliğimde' *öğrenebilme kapasiteme dayanan* bir özgüvene sahiptim. Deneyip de beceremediğim bir durum olursa: *"Şu andaki bilgi ve beceri seviyemle bunu yapamıyor olabilirim ama bir insan yapabilmişse, ben de insansam, ben de yapabilirim. Nasıl yapıldığını öğrenir, ben de yapabilirim. Gerekli zamanı, çabayı ve enerjiyi harcarsam ben de yapabilirim,"* diye düşünürdüm. Neden bu sizin için de geçerli olmasın? Engeller karşısında *söylenmek* yerine *öğrenmeyi* seçin![16]

*Öğrenilmiş çaresizliğin yok ettiği en önemli şey çocukluk hayalleridir.* Bir insanın başına gelecek en güzel şey, çocukken hayal ettiklerini büyüdüğünde hayatında görmektir. Kendinize verebileceğiniz en iyi armağan budur. Hayatta çocukluğunuza dönüp her şeyi yeni baştan yaşamaktan daha güzel olan bir tek şey vardır, çocukluk hayallerinizi bugün yaşamak.

Hepimiz çocukken ileride büyük işler başaracağımızı hayal ederiz. Çevremizdekiler kartal yavrusuna yaptıkları gibi *neyin yapılamayacağını* tekrar tekrar anlatarak hayalimizi kursağımızda bırakırlar. Hayallerimizi ve özgüvenimizi çalarlar. Toplumun bireye yaptığı bu kötülüğü Şair Özdemir Asaf özetler: *"Gelecek güzel günlere gebeydi, kürtaj ettiler!"*

## O yaptı, oldu, ben de yapabilirim!

Özgüven üretmenin, *bir işi başarabileceğine kendini inandırmanın* çeşitli yolları vardır. Bazı insanlar bir işi yapıp yapamayacağına *içindeki sesi* dinleyerek, hisleriyle karar verir. Bazıları analitiktir, *oto-fizibilite raporlarına bakarak* yapabileceğine ya da yapamayacağına inanır. Çoğunluk *anlık psikolojiyle* karar verir. Bir yaparım der, bir yapamam. Bir grup insan ise 'mış gibi yaparak', yani *kendine güveniyormuş gibi yaparak yaşar*. Azımsanmayacak bir kesim ise sırf o gün çok iyi giyindiği için kendine güvenir!

Biz Türkler bir işi başarabileceğimize kendimizi nasıl inandırırız? Örnekleri izleyerek! *Bir tanıdığımız bir işi başarmışsa biz de o işi başarabileceğimize inanırız.* "O da benim gibi biriydi, o yapabildi, o zaman ben de yapabilirim," diye düşünürüz. Tanıdık biri yapınca kendimize daha fazla güveniriz, o işi gözümüze kestirebiliriz.

*Bir Türk bir işi başardıysa, onu tanıyan tüm Türkler kendilerinin de o işi başarabileceğini düşünürler.* Abarttığımı düşünmeyin lütfen, çok sayıda 'kanıtım' var! Mesela İstikbal Kanepenin başarısından sonra Kayseri'de 350 kanepe şirketi kurulmasına ne demeli? Naim Süleymanoğlu'ndan sonra dört dünya halter şampiyonu çıkarmamıza ne demeli? Bir aileden biri üniversiteyi kazanınca, ondan sonra gelenlerin de kazanmaya başlamasına ne demeli? Bir köyden biri Belçika'ya yerleşme vizesi alınca, onu tanıyan tüm köylülerin cesaretlenip Belçika'ya yerleşip Türk köyü kurmalarına ne demeli? İstanbul'a gelen ilk Karadenizli işadamlarından birinin müteahhitlik yapıp başarılı olunca, tüm Karadenizlilerin müteahhit olmasına ne demeli? Bir semtteki bir kapıcı

Sivaslıysa, diğerlerinin de genellikle Sivaslı olmasına ne demeli?
'O yaptı, oldu, ben de yapabilirim' tarzı düşünmek iyi midir, kötü müdür? Sonuçlarına bakarak karar verebiliriz.

1. İyi yan: *Başarılı olunca hep beraber oluyoruz!* Türkiye'de başarılı olmak otomatik olarak çevredekileri de geliştiren bir faaliyet oluyor!
2. Kötü yan: *Başarısız olunca da hep beraber oluyoruz!* Bir mahallede bir market açılıp çok kâr edince, pazar analizi yapmadan, 'o yaptı, oldu, ben de yapayım' diye beş market daha açılınca hep beraber zarar edebiliyorlar.

## Başkası olma, kendin ol, böyle çok daha güzelsin!

'O yaptı, oldu, ben de yapabilirim' mantığıyla örnek aldığımız 'o'yu yanlış seçmişsek, yani *farklı kategoriden biriyle* kendimizi kıyaslıyorsak, özgüvenimiz gereksiz yere sarsılabilir.

Girişteki kartal hikâyesini biraz uzatarak açıklayayım.

Bir gün canı sıkılan, 'kendini tavuk sanan kartal' gruptan ayrılıp yalnız başına dolaşmaya başlar. Yukarısında uçan ana kartal onu görüp yaklaşır.

"Evladım, sen kartalsın niye tavuklar arasında yaşıyorsun?"

"Öyle mi gerçekten?"

"Tipine baksana evladım, sen de benim gibisin. Zekân babana çekmiş ama!"

"Size anne diyebilir miyim?"

"Hayır, senin annen bir melekti yavrum, ben... ben...!"

Kendini tavuk sanan kartal sevinçle öz-tavukların yanına koşmuş. Tavuklara, *"Size söylemiştim, ben uçabilirim!"* demiş ve havalı bir şekilde havalanmış.

Tavuklar önce şok olmuşlar. Sonra hep beraber, *"Bak o da bizden biriydi. Uçabildi. Biz de uçabiliriz!"* diyerek kartal gibi uçmaya çalışmışlar!

O tavuklar maalesef hiçbir zaman kartal gibi uçamayacaklar. Özgüvenin ötesinde bir şey varsa, o da yapıdır. *Yapınız neyi ya-*

*pamayacağınızın* sınırını çizer, *özgüveniniz ise neyi yapabileceğinize inandığınızın.* İki sınır çatıştığında kazanan çoğu kez yapısal sınırlardır.

Kitabın girişinde anlattığım gibi, *özgüven ile yetenek ilişkisi çok önemlidir.* Özgüveniniz yeteneğinizi çok aşarsa *'görkemli kaybeden'*lerden olabilirsiniz. Özgüveniniz yeteneğinizin çok gerisinde kalırsa, *kendini tavuk sanan kartal* olursunuz. İnsanın özgüven ve cesaretinin, yeteneğinin en fazla *bir büyük bedeni* kadar olması idealdir. Ne çok fazla ne çok eksik. İnsanlar genellikle bu altın oranı şaşırırlar.

Bazı tavukların, "Kartal ol*saydım*…" diye düşünmesine ne demeli? Bu tavuklar 'başarılı' birer tavuk olabilirler ama hiçbir zaman kartal olamazlar. *Olmaları da gerekmez.* Kartal gibi yükseklerde uçabilmek tavukların kariyerinde bir *başarı kriteri* değildir. Tavuğun *performansı* yumurta sayısıyla ölçülür. Bu da tavukların ne kadar şanslı olduğunu gösterir, çünkü *'yatarak başarıya ulaşabilen tek yaratık tavuktur!'*[17]

*Kendine güvenmenin ötesinde bir şey vardır, kendini bilmek!* Profesyonel test teknikleriyle neyi yapabilip neyi yapamayacağını, bilgi ve beceri tabanını, kişilik eğilimlerini, güçlü ve zayıf yönlerini belirlemekten bahsediyorum. Kendi *gerçeğinizi* ne kadar iyi tespit ederseniz, *kendini kartal sanan tavuk* ya da *kendini tavuk sanan kartal* olma ihtimaliniz o kadar azalır. Herkes kendini bilmeli, kendini bulmalı, kendi olmalı. Kendi *biricik becerisini* keşfetmeli. Kendiniz hakkında bilginiz ne kadar azsa, kendinizi *olduğunuzdan farklı sanma ihtimaliniz* o kadar yüksek olur. Kendinizi iyi öğrenin!

## Kendi kapasitenizi kullanma kılavuzunuz

Hepimiz benzersiz bir kapasiteyle dünyaya geliriz ama bu kapasitemizin 'kullanma kılavuzu'nu bilmediğimizden potansiyelimizi hesapsızca harcarız.

Üç limitimiz var; *gerçekte yapabileceğimiz, yaptığımız ve yapabileceğimize inandığımız.*

1. *Yapabileceklerimizin limitini* eğitim (bilgi) ve yetenek seviyemiz belirliyor.
2. *Yapabileceğimize inandıklarımızın limitini* özgüvenimiz ve hayal gücümüz belirliyor.
3. *Yaptıklarımızın (mevcut sonuçlarımızın) düzeyini* ise motivasyon seviyemiz belirliyor.

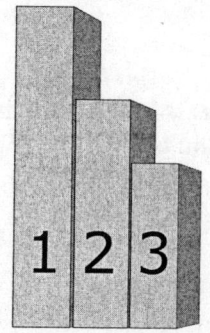

Motivasyonunuz (3) yeteneğinizin (1) çok altındaysa, atıl kapasite halinde yaşıyorsunuz demektir. Özgüveniniz (2) yeteneğinizin (1) çok altındaysa yine kendi iç kaynaklarınızı yeterince kullanmıyor, atalet halinde yaşıyorsunuz. Yaptığınız (3), yapabileceğinize inandığınızın (2) ötesine pek geçemez. Yapabileceğinize inandığınızın limitini (2) yaptıklarınıza (3) bakarak belirlerseniz, kendi ayaklarınızı kulaklarınıza bağlarsınız.

Yapabileceğinize inandıklarınızın limiti (özgüven), yapabileceklerinizden (yetenek) biraz fazla ise yararlı olabilir ama çok fazla ise başınızı belaya sokabilir! Ağzınıza yutabileceğinizden büyük lokma alabilirsiniz.

Yapabilecekleriniz ile yaptıklarınız arasında fark yoksa, tebrikler, kendinizi çok iyi çalıştırıyorsunuz! Başarılı bir oto-patronsunuz. Değerli işçiniz 'içinizdeki siz'i seviniz ve koruyunuz!

1. madde gerçek kapasitemizi gösterir, hemen değişmez. 3. madde ise anlık psikolojimize göre değişir! Daha çok *bilgi ve beceri kazandırma eğitimi* alarak yapabileceklerimizin limitini (1.), daha çok motivasyon ile yaptıklarımızın limitini (3.) yükseltebiliriz. Öğrenilmiş çaresizlikle başa çıkmayı öğrenerek de *yapabileceğimize inandıklarımızın limitini,* (2.) yani cam tavanımızı yükseltebiliriz.

## En iyisini daha görmediler!

Size bir hayat sloganı teklif edeceğim. Sizin başarısız olacağınızı düşünen insanları görüp cesaretiniz kırıldığında içinizden şunu tekrarlayın: *"En iyisini daha görmediler!"*

Gururla ve çekinmeden, bu sözü içinizden birkaç defa tekrarlayabilirsiniz.

"EN İYİSİNİ DAHA GÖRMEDİLER!"
"EN İYİSİNİ DAHA GÖRMEDİLER!"
"EN İYİSİNİ DAHA GÖRMEDİLER!"

Gerçekten de öyle, onlar sizin en iyi halinizi daha görmediler. Hatta belki siz bile görmediniz! Yapabileceğinizin en iyisini daha yapmadınız. Sizde *yaptıklarınızdan* daha fazlası var. İnsan mevcut sonuçlarından daha büyüktür. Kesinlikle her insan daha iyisini yapabilir, daha iyi bir yerde olabilir.

Yalnız bunu söylemekle yetinmeyin, gösterin onlara!

## Çaresizliği Öğrenemeyenler: "Başardılar Çünkü Başaramayacaklarını Bilmiyorlardı!"

Tembel ama zeki bir öğrencinin ünlü hikâyesini bilirsiniz. Kahramanımız matematiği sevmez ve ders sırasında uyumaktadır. Teneffüs zili çalar ve bizimki uyanır. Tahtada gördüğü matematik problemini *ev ödevi* sanarak defterine geçirir.

*Eve döndüğünde günlerce uğraşır ama soruyu çözemez.* Sonunda hırs yapar. Tekrar tekrar dener ama çözemez. En sonunda her nasılsa soruyu çözer. Bir sonraki matematik dersinde, öğretmenine ev ödevini gösterip cevabını kontrol etmesini ister. Öğretmen şok olur. Çünkü öğretmenin bir önceki gün tahtaya yazdığı soru, *matematik tarihinde çözülememiş soruları* anlatırken örnek verdiği, cevabı şimdiye kadar bulunmayan sorulardan biridir.

Öğrenci o sorunun şimdiye kadar çözülemediğini *bilmediği için* defalarca denemiş, sonunda çözebilmiştir. Kahramanımız büyük bir iş başarmıştır, çünkü o işin 'başarılamayacağını' duymamıştır! Bazı şeyleri bilmemesinden aldığı cesaretle başarılı olmuştur.

Diğer öğrencilere gelince, onlar *çözülemeyeceğini* bildiklerinden *'mantıklı' ve 'gerçekçi'* hareket etmiş, çözmek için hiçbir şey yapmamışlardır.

Bilgi güçtür ama bazen bilgi insanın gücünü sınırlandırır. Özellikle kaybedecek fazla şeyi olmayanlar için *neyin yapılamayacağını bilmemek*, bazen büyük bir avantajdır. Bir kitapta sıfırın altından gelerek zirveye çıkmış insanların öykülerini anlatacak olsam, adını şöyle koyardım: *Başardılar, çünkü başaramayacaklarını bilmiyorlardı!*

Başarısızların çoğunlukta olduğu bir toplumda *neyin yapılamayacağı* daha çocuklukta öğretilir. İnsanların büyük hayaller kurması ve *hayallerini izlemek için kurulu düzenini bozması* engellenir. Bu, 'gerçekçilik' ve 'mantıklılık' adına yapılır. Bu 'öğretilmiş' çaresizlik derslerini almayı reddeden insanlar, *neyi başaramayacaklarını bilmeden* büyürler. Girişteki öyküde olduğu gibi en büyük işleri de çoğu kez bunlar başarırlar.

*İstatistiklere göre insanların hayatlarındaki en büyük başarıları 1-35 yaş arasında gerçekleştirmesine şaşmamak gerek.* Hayatın ilk yarısında daha çok şey başarıyorlar, çünkü *neyi yapamayacaklarını henüz bilmiyorlar!* Neyin başarılamayacağını bilmemenin gücünü kesinlikle hafife almayın.

## Çevrelerindekilerin 'mantıksız' bulduğu bir şey yaparak başarılı olmuş arkadaşlarım

Öğrenilmiş çaresizlik ve *kaybetme kültürünün* egemen olduğu bir toplumda yaşadığımız için, genellikle çevremizdekilerin, *"Yapamazsın,"* dediklerini yaparak başarılı oluruz.

Kitabı yazarken sohbet için bir araya geldiğimiz bazı 'başarılı' arkadaşlarıma iki soru sordum:

1. *En büyük hayalini gerçekleştirinceye kadar kaç kez yapamazsın lafını duydun?*
2. *Başarılı olmadan önce hayallerini anlattığında çevrendekiler ne tepki veriyordu?*

İlginçtir konuştuğum beş başarılı arkadaşımın da hayallerinin peşine düşmesi çevresindekiler tarafından 'gerçekçi' olmamakla suçlanmış, girişimleri 'mantıksız' bulunmuş, onlara uzun uzun *neden yapamayacakları* anlatılmıştı. Benimkilerin hayallerine bakılırsa çevredekiler çok da haksız değillermiş hani!

## Kendi iç alkışınla ilerlemeyi öğren

*Öykü bir: Ankara'da bir ortaokul öğrencisisiniz ve arkadaşınızla sinemada bir film izliyorsunuz. Arkadaşınız aniden size izlediğiniz filmdeki bir aktörü çok beğendiğini, bir gün onun gibi aktör olacağını, hatta Amerika'ya gidip onunla tanışacağını söylese ne dersiniz? Her gence olur böyle şeyler. Uyursun, uyanırsın, geçer!*

Tamer Karadağlı'nın ailesi Amerika'dan Türkiye'ye yeni gelmiştir. Tamer İngilizcesi Türkçesinden daha iyi olan bir öğrencidir. Bir gün kuzeni onu Ankara Arı Sineması'nda bir film izlemeye çağırır. Kris Kristofferson'un başrolünü oynadığı *Konvoy* adlı filmdir. Tamer filmden çok etkilenir ve kuzenine dönüp, *"Bir gün ben de orada olacağım,"* der. Onunla da kalmaz annesine ve sınıf arkadaşlarına, *"Ben aktör olacağım,"* der. Ankara Koleji'ndeki arkadaşlarıyla ne zaman film izlemeye gitseler, *"Bir gün ben de orada olacağım, beni izleyeceksiniz,"* der. Tabii arkadaşları gülerler: *"Aktörlüğü kim kaybetmiş ki sen bulasın!"*

Genç Tamer ailesiyle Amerika'ya gittikleri sırada hayalinin peşine düşer. 17 yaşındaki bir lise öğrencisidir. Aktör Kris Kristofferson'un sekreterine hayalini anlatır. *Tutkuyla inandığı bir hayali olan insanlara özgü inandırıcılık harekete geçer, sekreter duyduklarından etkilenir ve genç Tamer'i hayranı olduğu Amerikalı aktörle tanıştırır.* Beraber sohbet ederler.

Bu olaydan genç Tamer bir milyon dolarlık bir hayat dersi kazanır: *"Hayallerimi korkmadan izlemeyi öğrendim. Başkasının düşündüğüne aldırmamayı öğrendim. O zaman dünyamdaki en büyük olay buydu... O andan sonra her şeyi yapabileceğime inandım. Bu dersi hiç unutmadım. Bugün biri gelip Mars'a gideceğim* derse ben ona, 'Hadi ya,' demem. Ya hakikaten giderse? Dediğin gibi, Atatürk'e de Samsun'a ilk çıktığında, 'Memleketi sen mi kurtaracaksın?' demişlerdi! Bir insanın neyi yapabileceğini kim bilebilir?"

Tamer Karadağlı hayallerini izlemek isteyenlere önerisini de anlattı: *"Bana göre başarı, bir zamanlar hayal ettiğini şimdi yaşıyor olmaktır.* Başarıya götürecek şekilde düşünmek çevremizdekiler için alışıldık bir şey değil. Bu yüzden çevreden destek beklememek gerekir. Hayale giderken her küçük engeli aşmak bir *testtir* ve kararlılığı ölçer. *İnsan kendi iç alkışıyla ilerlemeyi öğrenmeli.* Çevren yapamayacağını söylüyorsa, içinden ve dışından daha inançla, daha ısrarla, daha yüksek sesle yapabileceğini söyle. Bu hem başkalarının sesini keser hem de sana kamçı olur. İnsan çevresinin dediklerine değil, ne istediğine odaklanmalı. Herkes hayal eder ama duyduğu 'yapamazsın'lardan yılmayanlar kazanır. Amerikalılar sık sık, 'You can do it!' (Yapabilirsin) der. Amerika'yı büyük yapan da bu tutumdur. Her zaman işini en iyi şekilde yapmanın gücüne inanırım. Sevdiği bir işi iyi yapıp bir de o işten para kazanabilenler en şanslı insanlardır. Bu insanlar *çalıştığını hissetmeden* günlerce çalışabilir. Ben film çekerken çocuk parkında oynayan, eve gitmek istemeyen çocuklar gibiyim."

*Öykü iki: Ankaralı bir arkadaşınız bir gece saat ikide uyanıp aniden, "Ben Amerika'ya gideceğim ve orada Hollywood için afişler tasarlayan bir grafiker olacağım," derse ne dersiniz? Biraz mantıklı ol! Git daha çok uyu!*

Emrah Yücel Ankara'da bir reklam ajansının ortağı ve yaratıcı yönetmenidir. Başarılı bir işi olmasına rağmen onun *rüyası* yaptığı işi *evrensel lige* taşımak ve *dünya çapında dolaşımda olan* tasarımlara imza atmaktır. Bir yılbaşı gecesi arkadaşları kilo vermeye, günlük tutmaya karar verirken Emrah Amerika'ya yerleşmeye karar verir. O hafta küçük bir *müzayede* düzenleyip her şeyini satmaya başlar. *Geri dönmesine sebep olabilecek her şeyini satar.* Yılbaşında aldığı karardan sonra 6 Mart günü yanına iki bavul ve birkaç bin dolar alarak New York'a *turist vizesi* ile iner.

Emrah Yücel bugün Los Angeles'ta sinema sektöründe önemli bir yere sahip. Sahibi olduğu Iconisus şirketi 'Kill Bill', 'Cold Mountain', 'Frida', 'Kingdom of Heaven' gibi Oscar adayı filmlerin afişlerini tasarlıyor. Hollywood'da iki kere sektörünün en önemli ödülü 'Key-Art'ı aldı. Los Angeles Times gazetesinde onunla röportajlar çıkıyor.

New York ve İstanbul'da ayrıca ofisleri var. Türkiye'nin en yüksek cirolu filmlerinin yapımcıları da afişlerini yaptırmak için ona gidiyor.

*Öykü üç: Urfalı bir kimya öğretmeni arkadaşınız size bir gün gidip Londra'da dil kursu açıp dünyaya İngilizce öğreteceğini söylese ne dersiniz? Biraz mantıklı ol! Tereciye tere satamazsın!*

Bir gün Londra'nın merkezinde yürürken aniden gözüme Türk bayrağı çarptı. Bu bir Türk şirketi olan English Time'ın Londra şubesiydi. Sahibi Fethi Şimşek yıllar önce bir seminerime katılmıştı ama uzun süre görüşememiştik. Fethi Şimşek, Londra ve Kanada'da birer İngilizce kursu açan bir işadamı. Bir Türk'ün gidip İngilizce konuşulan ülkelerde dil kursu açması hiç de 'mantıklı' görünmüyor değil mi? Oysa başarmak budur.

Başarı Londra'da İngilizce kursu açıp, dünyanın dört bir yanından gelen insanlara; Japonlara, Hintlilere, Filipinlilere, Afrikalılara, Ruslara, Almanlara İngilizce öğretmektir. Fethi Şimşek, Çin dahil 10 ülkede English Time şubelerini açma planını adım adım gerçekleştiriyor. Türkiye'de yabancı dil öğretimi pazarının büyük bölümünü de elinde tutuyor.

*Öykü dört: İngilizce öğretmenliği mezunu olup turist rehberliği yapan Darıcalı bir arkadaşınız, "Ben dizi senaryosu yazsam acayip tutar be!" derse ne derdiniz? "Tabii, tabii, tüm televizyonlar da seni bekliyor!"*

Türkiye'nin 'senaryo sihirbazı' Birol Güven nasıl senarist oldu? Birol Güven turist rehberliği yapmaktadır ama aklı senaristliktedir. Arkadaşlarına hayalini söylediğinde, *"Kim sana senaryo yazdırır ki? Hayatta o adamlara ulaşamazsın,"* cevabı alır. Bir gün Yavuz Turgul ile karşılaşır, tüm cesaretini toplayıp ona hayalini anlatır. Yavuz Turgul da, Birol Güven'in deyimiyle *'onu başından savmak için'* senarist Gani Müjde'ye yönlendirir. Gani Müjde, yine Güven'in deyişiyle, *"Yavuz Turgul gönderdiğine göre çok önemli bir adamdır,"* sanarak kendisiyle çalışmaya başlar. Birol Güven, Çocuklar Duymasın dizisiyle 'Türk tarzı sit-com' anlayışının öncüsü olur.

Birol'a öyküsünü kitapta anlatacağımı söyleyince, "Şunu da yaz," dedi, *"Yaz ki asla kimseyi ulaşılamaz görmesinler. Gözlerini korkak alıştırmasınlar.* Kesinlikle şanslarını denesinler. Güzel kadınların yanında neden çirkin erkekler olur biliyor musun? Tüm erkekler, 'Bu kadın çok güzel, beni beğenmez,' deyip girişimde bulunmaz, bu yüzden armudun iyisini ayılar yer!"

*Öykü beş: Bir gün Ankara Devlet Opera ve Balesi'nde görevli kuzeniniz kalkıp, "Ben gelecek yıl Hollywood için çalışacağım," derse ne dersiniz? Biraz gerçekçi ol! Terliyken çok prova yaptın galiba!*

Rahman Altın'ın çocukluk hayali film müzikleri yapan biri olmaktır. Dahası Hollywood filmlerine müzik yapmayı hayal etmektedir! Yıllar sonra Ankara'da Devlet Opera ve Balesi'nde sanatçı iken bir gün defterini açıp, sanki her şey kendi elindeymiş gibi aynen şöyle yazar: *"Seneye yazın Hollywood'da olunacak!"* Kuzenleri güler, onu 'mantıklı' olmaya davet eder. Hayalini 'programına' aldıktan sonra beyni amacına giden bir yolu hemen bulur. Hollywood yapımcılarının genç yetenekleri keşfetmek için açtığı 'gelecek vaat eden genç film müziği yapımcıları' yarışmasına katılır. *Kazanan ilk ona girer ve bir yıl sonra Hollywood'a davet edilir.* Başlangıçta mantıksız görünen ama sonuçta hayaline götüren bir serüven yaşamıştır.

## İçimizden birinin öyküsüdür

Belki bu insanların 'özel yaratılışta' olduğunu, anlatılanların sizin için geçerli olamayacağını düşünüyorsunuzdur. İçimizden birinin öyküsünü dinlemeye ne dersiniz?

Ebru Karahan İstanbul'da yaşamaktadır ve Türkiye'nin en büyük gayrimenkul danışmanlığı şirketi Remax'ta 'iş geliştirme direktörü' olarak çalışmaktadır. Bir gün 'iş geliştirmek' yerine depremde evsiz kalan çocuklar için içi 'şefkat' dolu bir sosyal sorumluluk projesi geliştirmeye karar verir. Depremde evsiz kalmış çocuklara *hayallerindeki evin resmini* çizdirecek, sonra bu resimleri İstanbul'da açık artırmayla satacaktır. Çevresindekilerin ilk tepkisi, *"İyi fikir ama bu işler sandığın kadar kolay değil!"* olur.

Ebru Karahan çocukları bulur, resimleri çizdirir, tanıtım sponsorları bulur, açık artırmanın duyurusunu yaptırır. Remax'ın kurumsal desteğiyle resimler 25 bin dolara satılır ve gelir çocukların eğitimi için okullarına verilir. *Çoğumuz bunu yapabilirdik ama o yapabildi.* Sizi bu tarz, kendi ölçeğinizde işler başarmaktan alıkoyan ne?

*Bu öykülerin mesajı, aynısını yaparak aynı yere gideceğiniz değildir.* Gece ikide uyanıp Amerika'ya giden herkes Emrah Yücel kadar başarılı olamaz. Gani Müjde'yle çalışan her senarist Birol Güven kadar başarılı olmadı. Her Hollywood hayali olan yabancı bir filmde oynayamadı. Bu örnekler *mesleklerinde çok iyi olan* insanlar. Cesaret önemlidir ama yetenek daha önemlidir. Bu örneklerin dersi, *'yeteneksiz ama atak'* olmak değil, *yeteneğinizi sergilemekte* cesur olmaktır. *Birinci görevimiz yetenekli olmak, ikinci görevimiz yeteneğimizi sergilerken çevrenin 'yapamazsın'larından ve denemelerimizin sonuçsuzluğundan etkilenmemektir.*

## Benim 'mantıksız' başarım!

Bende hayattaki en büyük başarımı çevremdekiler tarafından 'mantıksız' bulunan bir kararıma borçluyum. Benim *kişisel gelişim uzmanı* olma serüvenim de 'mantıksız' görünen bir seçimle başlamıştı.

Türkiye'nin en yüksek puanla öğrenci alan, en saygın hukuk okulu olan Ankara Üniversitesi Hukuk Fakültesi'ni başarıyla bitirmiştim. O zaman 'kişisel gelişim uzmanı' diye bir meslek yoktu ama ben bu işi yapmak istiyordum.

*Üniversiteyi bitirince, hukuk diplomasını çöpe atıp, Kadıköy Halk Eğitim Merkezi'nde ilk seminerimi verişimi asla unutamam.* Katılımcılar arasında üniversite arkadaşlarımın olmaması için dua ediyordum! Bir ilkokul sınıfında, elimde tebeşirle tahtaya yazı yazarak ders anlatıyordum. *Havalı bir hukuk mezunu için 'korkunç bir düşüş'tü bu!*

Ailem ve arkadaşlarıma göre, yaptığım kesinlikle 'mantıklı' değildi. Ayda 200 dolar kazanacağım bir işti ve mesleğin bir *adı bile* yoktu. Haklı olarak bana 'daha gerçekçi' olmamı tavsiye ediyorlardı.

Dahası bu kurs, müdire hanım *Serpil Güleçyüz'*ün bana güvenip 'müfredat dışı' bir eğitimi programa koydurmasıyla açılmıştı. *Eğer ilk ayda talep olmaz ve grup açılmazsa şansımı tamamen kaybediyordum.*

Kendimi ve ileride kuracağım *ailemi geçindirmek için* 'mantıklı' olmayan bir seçim yaptığım kesindi. Bir buçuk yaşında babasını kaybettiği halde hayata başarıyla tutunan, azimle çalışıp hukuk kazanan, ailesinin gururu olan ben, bu son seçimimle her şeyi berbat ediyordum!

Çevremdekilere göre sonum olan şey, bana göre başlangıç noktamdı. Oradan başlayacağımı ama *orada kalmayacağımı* biliyordum.

Doğrusu işim çok zordu. Önce yaptığım işin ne olduğunu anlatıyor, sonra da işimi yapıyordum. Önce rayları döşeyip sonra üzerinde tren süren makinist gibiydim.

İlk yıllarda sürünürken kendime şunu söyledim: "*Kanıtım kendi içimde. Ben insanlara nasıl başarılı olunacağını öğretiyorum. Bildiklerim işe yarıyorsa ben de başarılı olurum. İşe yaramıyorsa, insanlar bana inanmaz, böylece başarısız olur ve bu işi yapamam. Kanıtım kendi içimde.*"

Verdiğim kariyer kararı hakkında da şöyle düşünüyordum: *"Bir kararı verirken onun doğru mu yanlış mı olduğunu bilemeyiz, kararı verdikten sonra yaptıklarımızla onu iyi ya da kötü karara çeviririz. Eğer başarılı bir kişisel gelişimci olmanın gereklerini yerine getirirsem, bu doğru bir karar olacak, getirmezsem yanlış!"*

Önümde iki yol vardı: Ya başaracaktım ya da başaracaktım! Hukuk diplomasını yırtıp atarak, geriye dönüşte kullanacağım son gemiyi de yaktım. Buna 'topu göğsüne almak' diyebiliriz. *Bu, kendime verdiğim güçlü bir mesajdı.*

## Yüzbinlerce insanın ruhuna dokunmak

Radikal 'eylemlerim' bununla da kalmayacaktı. Kısa bir süre sonra benim mantığımı bile zorlayan bir şeye kalkıştım. 'Hayatta nasıl başarılı olunacağını' anlatan bir kitap yazdım! Adını da *'Ya Bir Yol Bul, Ya Bir Yol Aç Ya da Yoldan Çekil'* koydum. Fakat bir sorunum vardı, *daha 21 yaşındaydım!*

'Gerçekçi' bakılırsa üniversiteyi birkaç ay önce bitirmiş birinin yazdığı kitabı kim okurdu ki? *Yayıncılar da böyle düşündüler!* Şu anki yayıncım Alfa da dahil, iki yayınevi 'satmayacağı' gerekçesiyle bu kitabımı yayınlamadı.

Bir gün bir radyo programında tanıştığımız bir yayıncı kitabı basmayı teklif etti. Kitap çıktıktan sonra kendi kendine altı ayda 10.000'den fazla sattı. Bu, Türkiye için çok iyi bir rakamdı. *'Satmaz' denilen kitabın bugüne kadarki satışı 22 bini geçti!*

Serüvenimde son durum nedir? Kitaplarımı okuyanların sayısı yüzbinleri geçti. 55 binden fazla insana seminer verdim. Büyük işler başarmış çok özel insanlarla dost olduk. Bir zamanlar hayal ettiği hayatı bugün yaşamanın o benzersiz duygusunu yaşadım. *Yüzbinlerce insanın ruhuna dokunma, geleceklerini olumlu yönde etkileme imkânı buldum.* En büyük *armağan* budur benim için.

En büyük hayalim, kitap ve seminer yoluyla 1.000.000 kişiye doğrudan ulaşmak. Bu ülkede bir milyon kişinin hayatında %

10 oranında iyileşme yapabilirsem eğer, anlamlı ve büyük bir hayat yaşadığımı düşünerek öleceğim.

Bu arada 'mantıksız' şeyler yapmaya devam ediyorum ama çevremdekiler *her şeyi yapabileceğime inandıkları için* artık, "Yapamazsın," demiyorlar. *Kimse yapamazsın demeyince başarının tadı eskisi gibi çıkmıyor!*

Bu kitabı yazmadan önce her şeyi bırakıp, 'hayatıma yukarıdan bakacağım' gerekçesiyle, 7 aylığına yurtdışına gittim. Bu da görünürde 'mantıksız' bir hareketti. Çünkü gerçekten çok iyi bazı teklifleri boş verip gitmiştim. *Birkaç yıl içinde Avustralya'dan Kanada'ya birçok ülkenin kitapçılarında İngilizce kitaplarım görüldüğünde bu mantıksızlığın da mantığı anlaşılacak!*

## O yaptı, oldu, siz de yapabilirsiniz!

*İnsanlara güç ve inanç veren bazı başarı öyküleri vardır.* Bu öykülerde bir insan, bin bir iç ve dış engeli aşmış, göz alıcı bir iş başarmıştır. Çoğu kez bunu çevresindekilerin, "Yapamazsın," demesine rağmen yapabilmiştir.

Kahramanımız Karadeniz bölgesinde Sürmene'ye bağlı Yılmazlar köyünde doğar. Çevresinde başarılı, ünlü, zengin ve kariyerli insanlar yoktur. Doğduğu köyde lise yoktur. Ortalama mantığa göre, kahramanımızın *kötü kaderini* kabul etmesi, çevresindekilerle *uyumlu bir hayat* yaşayacak şekilde 'gerçekçi' olması gerekirdi.

*Sıradan biri olarak yaşadığı takdirde başarısızlıklarını açıklayacak çok iyi gerekçelere sahipti.* İsterse, "Benim de zengin babam *olsaydı*, ben de büyük adam olurdum", ya da "Bizim de köyümüzde lise *olsaydı*, ben de okurdum," diyebilecek, başarısızlığını mükemmel bir şekilde savunabilecek durumdaydı. Ama o 'saydı' cümleleriyle söylenmek yerine, her şeye 'rağmen' zirveye çıkmak için harekete geçti.

Ailesinin maddi durumu onu okutmak için yetersiz olmasına *rağmen*, elinden tutacak biri olmamasına *rağmen*, yaşadığı köyde lise bile olmamasına *rağmen*, bulunduğu yerden ait olduğu yere, zirveye yöneldi.

Peki nasıl yapacaktı? Kahramanımız bir çıkış yolu buldu. Bir gazetenin açtığı ilkokullar arası bilgi yarışmasına katıldı, birinci oldu. Ortaokulu devlet bursuyla 'parasız yatılı' olarak Samsun'da okuduktan sonra, TÜBİTAK bursuyla geçtiği Kabataş Lisesi'ni de dönem birincisi olarak bitirdi. Aynı yıl üniversite giriş sınavında da Türkiye birincisi oldu.

Bu başarılardan sonra, zafer sarhoşluğu yaşayabilirdi ama o iç disiplinini hiç yitirmedi. Kendini bulunduğu yere *neyin getirdiğini* hiç unutmadı. Üniversiteyi de çok iyi bir dereceyle bitirdi.

Engeller de peşini bırakmıyordu. Yurtdışında okurken, devlet döviz sıkıntısına düştü ve yurtdışında yaşayan öğrencilere bir mektup göndererek burslarını artık gönderemeyeceğini söyledi.

Dil öğrenmeden geri gelmek için harika bir gerekçesi vardı. *"Eğer devlet bursu kesmeseydi, ben de öğrenirdim!"* Arkadaşları geri döndü. Onun beyni mazeret bulup kısa devre yapmak yerine, 'saydı' cümleleriyle söylenmek yerine, her hal ve şartta sonuç almaya programlıydı.

*Bursların kesilmesi bir engeldi ve engeller aşılmak için vardı.* Kaldığı yurdun müdürüne gitti, kendisine ücretsiz kalma izni verirse bulaşıkçılık yapabileceğini söyledi. Amerikalı müdür kararlılığından çok etkilendi, ona bu şansı verdi. *Mutfakta bulaşıkçı olarak çalışmaya başladı ama bir haftada aşçılığa yükseldi!*

Öyküsünü anlattığım kişi Adnan Kahveci. Zeki, mütevazi ve idealist bir şekilde başarılı olmanın örneği olan eski bakan. Şartları sizinkinden daha iyi değildi ama hayallerini izlemeyi denedi ve başardı. Sizi hayallerinizi gerçekleştirmekten alıkoyan ne?

Adnan Kahveci 'Türkiye'de başarılı olmak' hakkında diyor ki:

*"Türkiye'de en sevdiğim şey budur. En fakir çocuk bile çalışkan olduğu sürece başarabiliyor ve yükselebiliyor. Türkiye'nin hayran oldu-*

ğum tarafı bu. *Kişinin zengin ya da fakir olması önemli değil; kişinin Doğudan ya da Batıdan olması da önemli değil. Türkiye'de çalışan, gayret gösteren engelsiz yükselebiliyor."*

## Efsanevi başarıların matematiği yoktur!

Bir insanın sıfır noktasından gelip, bin bir engeli aşıp zirveye çıkabilmesini hangi mantık açıklar? Ortalama 'düz' mantığın açıklayamadığı kesin.

*Efsanevi başarıların matematiği de mantığı da yoktur.* Mantıklı ve matematiksel düşünerek, iyi bir bankacı olabilirsiniz ama Cengiz Han veya Büyük İskender olamazsınız. Köle olarak komşu kabileye satılan Cengiz adlı bir çocuğun bir gün özgür olup, önce komşularını, sonra tüm rakip kabile liderlerini yenip, bütün Moğolistan'ı birleştirip, Kars'tan Kore'ye uzanan, *yeryüzünün gelmiş geçmiş en büyük kara imparatorluğunu* kurabileceğini hangi mantık öngörebilirdi ki?

Einstein bu yüzden olsa gerek, *"Hayal gücü bilgiden daha değerlidir,"* demiştir. Efsanevi başarıların düz mantıkla anlaşılamayacak bir yapısı vardır.

Genç Arnold Avusturya'nın Graz şehrinde yaşamaktadır. Ülkesinde daha önce hiç kimsenin yapamadığını yapmak, görkemli bir iş başarmak istemektedir. *Hedefini belirler: Hollywood!* Önünde büyük engeller vardır. İngilizcesi olmadığı için güzel bir dille seyirciyi etkileyemeyeceğini bilir. Çok güzel bir yüzü olmadığı için yakışıklılığıyla kitleleri etkileyemeyeceğini de görür. *Dezavantajlarından etkilenmeden sonuca gidecek bir strateji arar.*

*Yol haritasını çıkarır; önce dünyanın görebildiği en görkemli vücudu geliştirecek, sonra da filmlerde görkemli vücudunu sergileyerek insanlar üzerinde istediği derin etkiyi yaratacaktır.* Stratejisini geliştirmekle kalmaz, *onun işe yarayacağından şüphe etmeden korkunç bir iç disiplinle çalışarak* dünya vücut geliştirme şampiyonu olur. Bu sonuç onun için bir araçtır. Aklı ve asıl amacı Hollywood'dadır. Sonrasını biliyorsunuz. Canlandırdığı karakterlerle beyazperdenin gelmiş geçmiş en iyi 'herotik kahraman' ikonlarından biri oldu. Bununla da kalmadı.

Büyük düşünü gerçekleştirdikten sonra *kahramanları oynamak* yerine *kahraman olmaya* karar verdi. Politikaya atıldı ve dünyanın en büyük beşinci ekonomisine sahip California eyaletine vali oldu. Bu konum ABD Başkanlığından bir önceki basamak olarak görülüyor.

Size bunun gibi on binlerce 'sıfırdan zirveye' çıkabilmiş insan öyküsü anlatabilirim. Bu adamlar nasıl yapıyor? İsteyip de yapamayanlar niye yapamıyor? Benim işim bu soruların cevabını bulmak.

## Sınırlayıcı telkinlere karşı bağışıklık sistemi güçlü insanlar

Öğrenilmiş çaresizliğe, başarısızlığa, atalete karşı bağışıklık sistemi güçlü insanların özellikleri nelerdir?

- *Dış referanslı değil, iç referanslı olmak.* Çevresindekilerin, "Yapamazsın," demesinden etkilenmeden hayallerini izleyecek girişimlerde bulunmak.
- Elinde başaracağına dair *yeterli kanıt olmasa da*, kaybetme ihtimali kazanma ihtimalinden fazla gibi görünse de, hayalleri için tutkuyla çalışmak.
- Bin bir zorlukla aşılan bir engelden hemen sonra yeni bir engelle karşılaştığında hemen yılmamak.
- Kendi iç motivasyonunu yok edecek *olumsuz iç konuşmaları* fazla yapmamak ya da bunu yaptığını fark ettiğinde kısa kesmek.
- Hak ettiğini alamasa da mesleğini yaparken elinden gelenin en iyisini yapmaya devam etmek. "Ne kadar para o kadar köfte" anlayışıyla iş yapmamak. İşinin kalitesini maaşının karşılığı değil, *kişiliğinin ifadesi* olarak görmek.

- *İçinde bir gün bir şekilde istediği yere geleceğine dair –bazen zayıflasa da- güçlü bir his taşımak.* Kendisinin özel biri olduğunu düşünmek. Kendine başarısızlığı yakıştıramamak.
- Kendini kanıtlamaktan, meydan okumaktan hoşlanmak. Unvan maçlarından ve *ölçülebilir sonuçlardan* kaçmamak. Performans değerlendirmesinden korkmamak.

Çevrenizde *kendini neyi niye başaramayacağınızı anlatmakla görevli sayan* insanlar vardır. Bu insanların hayallerinizi gerçekleştirme gücünüzü çalmalarına izin vermeyin. Hayallerinizi gerçekleştirirken elbette mantıklı hareket edeceksiniz ama en büyük tutkunuzun peşine ilk düşüşünüzde *ortalama mantığa* uymanız çok da gerekmez. *Çevrenizdeki 'ortalama mantık'ın kuralları kaybedenler tarafından konulmuştur. Kaybedenlerin mantığı da gol atmak değil, gol yememek üzerine kuruludur.*

Çevremizdeki, "Yapamazsın!" korosu, bazen sadece şevk kıran sözler söylemekle kalmaz, zor kullanarak hayal gücümüzün peşinden gitmemizi de engelleyebilir. Hezarfen Ahmet Çelebi uçma denemeleri yüzünden padişah tarafından sürgün edildi!

*Ne ilginçtir ki, başarılı olmadan önce, "Yapamazsın," diyenler korosu, başarılı olduktan sonra, bu defa "Sen her şeyi yapabilirsin, kim tutar seni!" diye kişiyi uçurmaya başlamaktadır. Başarısızken 'yapamazsın'lara, başarılıyken 'yapabilirsin'lere iki katı dikkat etmeli.*

## Kişisel Kurtuluş Savaşını Başlatmak: Her Şey Seninle Başlar!

### Hayatı 'çaresizliklerle' dolu bir adamın öyküsüdür!

*7 yaşındayken babasını kaybetti ve yetim kaldı. Yalnız ve içine kapanık biri olarak yaşamaya, oradan oraya sürüklenmeye başladı.*
*8 yaşında okuldan alındı ve köyde yaşadı. Zamanını tarlalarda kargaları kovalamakla geçirdi.*
*10 yaşında yüzü kanlar içinde kalacak şekilde, yeni okulundaki hocasından dayak yedi. Ailesi onu okuldan aldı. Sinirden ve korkudan üç gün evinden çıkamadı.*
*17 yaşında hayalindeki okulun istediği bölümü için gerekli not ortalamasını tutturamadı.*
*24 yaşında tutuklandı, günlerce sorguya çekildi ve 2 ay tek başına bir hücrede hapis yattı.*
*25 yaşında sürgüne gönderildi.*

*27 yaşında kendisinden bir yaş büyük meslektaşı kendisinin de üyesi bulduğu derneğin çalışmaları ile kahraman ilan edilirken, kendisi hiç önemsenmiyordu. Doğduğu şehrin merkezinde rakibi törenlerle karşılanırken, o kalabalık arasında yalnız başına olanları izliyordu.*

*30 yaşında kendisi başka şehirleri düşman elinden kurtarmaya çalışırken, doğduğu şehir düşmanların eline geçti.*

*30 yaşında amiri, onu kendisinden uzaklaştırmak için başka göreve atanmasını sağladı. Yeni görevinde fiilen işsiz bırakıldı. Aylarca boş kaldı.*

*37 yaşında böbrek hastalığından Viyana'da 2 ay hasta ve yalnız halde yattı.*

*37 yaşında komutan olarak yeni atandığı ordu dağıtıldı.*

*38 yaşında Savunma Bakanı tarafından görevinden atıldı.*

*38 yaşında bir toplantıda giyebileceği bir tek sivil elbisesi bile yoktu ve başkasından bir redingot ödünç aldı. Ayrıca cebinde sadece 80 lirası vardı.*

*38 yaşında kendisi için tutuklama kararı çıkarıldı.*

*38 yaşında en yakın beş arkadaşından üçü, onun Kongre temsil heyetine üye olmaması için oy kullandı.*

*39 yaşında idam cezasına çarptırıldı.*

*Sonra ne mi oldu?*

*42 yaşında Türkiye Cumhuriyeti Cumhurbaşkanı oldu!*

Okuduğunuz öykü efsanevi lider Mustafa Kemal Atatürk'e aittir. Şimdi düşünün, sizin *başarılı olmanızı engelleyen ama Atatürk'ün karşısına çıkmamış* bir engel var mı?

Başarınızın önündeki engel ne? Paranız mı yok? Atatürk'ün de yoktu! Sağlığınız mı bozuk? Atatürk'ün de bozuktu! Çevrenizde sizi çekemeyenler mi var? Atatürk'ün de vardı! Bazı yakın arkadaşlarınız sizi arkadan mı vurdu? Atatürk'ü de vurdular! Aileniz çok zengin değil miydi? Atatürk'ünki de değildi! Amirleriniz hakkınızı mı yiyor? Atatürk'ünkini de yemişlerdi! Sizden daha beceriksiz ama hırslı insanlar, sizden daha hızlı yükselip size amirlik mi yapıyor? Atatürk'ün de başına gelmişti! Geçmişte bazı denemelerinizde başarısız mı oldunuz? Atatürk de olmuştu! Hakkınızda idam fermanı çıktığı için mi başarılı olamıyorsunuz? Atatürk'ün de başına gelmişti!

*Gündelik hayatta karşılaştığımız küçük ya da büyük kişisel sorunlar büyük başarıların önünde engel değildir.* Atatürk kişisel kurtuluş savaşı ile ülkeyi kurtarma savaşını birlikte götürebilmişti. Ona, "Para yok," dediler, "Bulunur," dedi, "Düşman çok," dediler, "Yenilir," dedi. Ve sonunda tüm dedikleri oldu!

Atatürk'ün gençliğe hitabesinde niçin, *"Vazifeye atılmak için içinde bulunduğun şartların imkân ve şeraitini düşünmeyeceksin,"* dediğini sanırım daha iyi anladınız.

Atatürk büyük yaşamak için yapılması gerekenleri de iyi özetlemiş: *"Büyüklük odur ki hiç kimseye iltifat etmeyeceksin, hiç kimseyi aldatmayacaksın, memleket için gerçek ülkü neyse onu görecek, o hedefe yürüyeceksin. Herkes senin aleyhinde bulunacaktır, herkes seni yolundan çevirmeye çalışacaktır. İşte sen burada direneceksin. Önünde sonsuz engeller yığılacaktır. Kendini büyük değil küçük, araçsız, hiç telâkki edecek, kimseden yardım gelmeyeceğine inanarak o engelleri aşacaksın. Ondan sonra sana büyüksün derlerse, bunu diyenlere de güleceksin."*

Başarılı insanların hayatındaki engellerin sayısı, başarısızlarınkinden daha fazladır. Fark nedir? Başarılılar o engellerin üzerinden atlar. Başarısızlar bir engeli gördüğünde, "Bu engel ol*masaydı*, ben de başarılı olurdum," der! Başarılılar engellere *rağmen* sonuca giderler, başarısızlar engeller *olmasaydı* neler yapabileceklerini anlatmakla meşguldürler.

Amerikalı yazar Louis Mann'a göre bir *insana ne olduğu* değil, o insanın *içinde ne olduğu* önemlidir. *Sıfırdan zirveye çıkmış insanların başına gelen kötü olayların sayısı, sıfırda doğup sıfırda ölmüş insanların başına gelenden daha az değildir.* Büyük adamların başlarına gelen kötü olayları *karşılama biçimleri* farklıdır. Başarılı tenis oyuncuları da, çok sert servislere maruz kalır ama onların bu zorlu servisleri karşılama biçimleri farklıdır. Başınıza gelen kötü olayların azlığı değil, kötü olaylarla başa çıkma beceriniz sizi büyük yapar. İnsan aştığı engeller kadar büyüktür.

## Başarmak ya da başaramamak, işte bütün mesele bu!

Bu kitap sizi başarılı yaşamaya davet etmek için yazıldı. Bu son düzlükte, artık bir karar vermeniz gerekecek. *Bundan sonra başarılı biri olarak mı yaşayacaksınız, yoksa her şey eskisi gibi devam mı edecek?* Bu an hayatınızda bir milat olabilir. Kişisel kurtuluş savaşınızın başlangıç noktası olabilir. Hiçbir şey olmayabilir de. Her şey size bağlı!

Yarın *bundan sonraki yeni hayatınızın ilk günü* olabilir. Buna şimdi *karar vermek* ya da *her zamanki gibi yaşamak,* karar size kalmış.

Düşünün: *Hayatınız değişmeli mi, değişmemeli mi? Değişmeli ise, hangi yönde değişmeli? Tam olarak neler değişmeli? Ne kadar siz değişmelisiniz, ne kadar çevreniz değişmeli? Çevrenizdekiler değişmese dahi sonuç almak için ne yapmalısınız?*

Başarılı olmanın ilk adımı başarılı olmaya *karar* vermektir. "Ben başarılı biri olacağım," diye kendiyle sözleşmektir. Hayatında başarılı olmaya *öncelik* tanımaktır. Zamanını kendisine *başarı getirecek faaliyetlere* harcamaktır. Kaybeden olmayı kabullenmemektir. Başarısızlığı reddetmekle başlar başarı.

Başarılı olmaya karar verdikten sonra beyniniz çevrenizdeki her şeyi ikiye ayırmaya başlar: *Başarılı olmamda işime yarayabilecekler ve başarılı olmamda işime yaramayacaklar.*

Bir hedef belirlemenin pratikteki en büyük faydası gereksiz ile gerekliyi birkaç saniyede ayırabilmeyi sağlamasıdır. *Kafası karışıklar, kim olduğunu ve ne yapmak istediğini bilmeyenlerdir.* Bir insan ne istediğini ne kadar *net* bilirse o kadar *hızlı* kararlar alabilir.

*Büyük başarı kalpten gelir, beyinde büyür, ellerimizden hayata akar.* Başlangıçta her şey hayaldir. O hayale kalpte duygu, beyinde akıl, elde emek katılır. Başarı içte oluşur, dışta gelişir. *Başarınızın başlangıç noktası sizsiniz.* Dolayısıyla, başarıya giden yol sizden başlar. Bu nedenle sakin bir şekilde kendiniz üzerinde çalışmalısınız. İçe dönün. Kendinize doğru yürüyün. Ruhunuzun derinliklerindeki eğilimlerinizi keşfedin. Ne istediğinizi netleştirin.

### Eğer başarmak elinizde olsaydı nasıl bir hayat yaşamak istersiniz?

Şimdi bir karar vermelisiniz. *10 yıl sonra nasıl bir hayat yaşamak istiyorsunuz?* **Eğer** *başarmak elinizde olsaydı* **nasıl bir hayat yaşamak istersiniz?** Hemen gerçekçilik denetimine kalkışıp hayal gücünüzü köreltmeyin. Önce hayal kurmalı, sonra onun *olabilirliğini* denetlemelisiniz.

Devam edelim, *nasıl bir yerde* yaşamak istiyorsunuz? Ne tür *insanlarla* birlikte yaşamak istiyorsunuz? Ne tür insanları artık hayatınızda istemiyorsunuz? Nelere *sahip olmak* istiyorsunuz? Neleri artık hayatınızda görmek istemiyorsunuz? İnsanlar 10 yıl sonra hakkınızda *neler desin,* sizin *nasıl biri* olduğunuzu düşünsün istiyorsunuz? Hangi *semtte* yaşamak istiyorsunuz? Hangi *işi* yapmak istiyorsunuz? Bunları yazılı olarak cevaplamanız basit ama güçlü bir egzersizdir.

Bazı insanlar ne istediklerini kendilerine bile ifade etmeye cesaret edemezler, çünkü bunları gerçekleştiremeyip kendi gözlerindeki değerlerini kaybetmekten korkarlar.

10 yıl sonra ne olmak, neler yapmak, nasıl bilinmek, kimlerle yaşamak, nerede yaşamak, neleri öğrenmiş olmak, nelere sahip olmak istediğinizi mutlaka *yazılı* olarak belirleyin. Bu egzersiz çok önemlidir. Öğrenilmiş çaresizlik alışkanlığıyla, "Bu ülkede üç gün sonrası planlanamaz," diye düşünüp kendinizi sabote etmeyin. Çetin Altan'ın sempatik deyişiyle, *"Yapanlar yapıyor şekerim!"*[18]

İlk kitabımda *öğrenilmiş başarı* için yedi adımlık bir yol haritası sunmuştum.

1. *Başarıyı öğren:* Nasıl başarılı olunuyor? Ben nasıl başarılı olabilirim?
2. *Potansiyelini tanı:* Ben kimim? Başkalarına göre neyi daha iyi yapabilirim?
3. *Hayat amaçlarını belirle:* Neler yapmak, nereye gelmek, nasıl biri olmak istiyorum?
4. *Hayatını planla:* Hayat amaçlarıma nasıl ulaşabilirim? En iyi ihtimallere göre hazırlanmış A planım ve en kötü ihtimallere göre hazırlanmış Z planım ne?
5. *Eyleme geç:* Ne zaman, nereden ilk adımı atmalıyım?
6. *Sonuç alıncaya kadar devam et:* Kararlı olup aynı yolu defalarca denemem mi lazım, esnek olup başka yollar aramam mı?
7. *İşleri sonuçlandır ve sonuçları değerlendir:* Neler başardım? Bir sonraki defa aynı başarıyı tekrarlamak için kendi yaptığımdan neler öğrenmeliyim? Neyi daha iyi yapabilirdim? Neyi başkalarından iyi yapabildiğim için başardım?

Kendini geliştirerek başarılı olmanın adımlarını özetlemek gerekirse:

1. *Yaşamak istediğiniz hayatı netleştirin:* Nasıl bir hayat yaşamak istiyorsunuz?
2. *Yaşadığınız hayatı düşünün:* Mevcut hayatınız ne durumda?
3. *Aradaki farkları bulun:* Yaşadığınız hayat ile yaşamak istediğiniz hayat arasındaki farklar neler?
4. *Yapmanız gerekeni belirleyin:* Bu farkları kapatmak için, neleri bilmek, nasıl biri olmak, hangi kurallara uymak, nelere sahip olmak, ne tür insanlarla ilişki içinde olmak, hangi noktalarda kendinizi geliştirmek gerekiyor?
5. *Yapılması gerekenleri yapın.* İlk adımı atın. Kişisel kurtuluş savaşınızı başlatın.

## Bazı soruları sormakla başlar her şey

Beyninize giren başarı bilgisinin orada iyi değerlendirilmesi için, bazı sorularla beyninizi başarıya hazırlamalısınız. Aşağıdaki soruları yazılı olarak cevaplamanız, *beyninizi başarıya programlamak* için çok yararlı bir egzersizdir.

- İnsanlar arasındaki başarı ve başarısızlık farkını meydana getiren nedir?
- Senin diğer insanlara göre daha iyi yapabileceğin işler neler?
- Yaşadığın hayat yaşamak istediğin hayat mı, yaşamaya razı olduğun hayat mı?
- Başarılı olmayı bir mücadele olmaktan çıkarıp, yaşam tarzı haline nasıl çevirebilirsin?
- İnsanlardan istediklerini almak, onların isteklerine ulaşmasını sağlamaktan geçiyorsa, bunu nasıl yapabilirsin?
- Bugün başarılı olmak için ne yaptın?
- Yapman gerekenler ile yaptıkların arasındaki farkı yaratan nedir?
- Bugün yaptıkların 5 yıl sonra seni nereye götürecek ve sen nerede olmak istiyorsun?
- Hayatta başına gelebilecek tüm olumsuz durumları kendi lehine olacak şekilde kullanmayı ne kadar sürede öğrenebilirsin?
- Yaşamak istediğin hayata sen karar vermezsen, bunu kimler senin için ancak kendi menfaatleri doğrultusunda yapacaklardır?
- Başaracağını kesin olarak bilseydin, yarından itibaren ne yapardın?
- Kendin için istediğin şeylere sahip olmaya değer misin?
- Neleri şu anda yaptığından daha iyi yapabilirsin?
- Bütün rüyalarını gerçekleştirmiş olsaydın neler hissederdin?

Kendine sor: Kesin, net ve tam olarak kim olmak, neler yapmak, nasıl bir hayat yaşamak istiyorum? Bu istediğimi ne kadar zaman içerisinde, hangi bedeller karşılığında, nasıl elde edebilirim?

## Bugün yapmadıklarının gelecekteki sonuçları neler olacak?

10 yıl sonra istediğiniz yerde olmak için bugünden yapmanız gerekenler nelerdir? Okumaya devam etmeden önce buna mutlaka karar verin.

*Böyle giderse 10 yıl sonra nasıl bir hayat yaşıyor olacaksınız? Yani hiçbir şey değişmezse neler olacak?* Şu anda hayatınız akmaya devam ediyor, doğru yönde gitmiyorsanız geçen her saniyede amacınızdan daha uzağa düşüyorsunuz demektir. Üstelik bir de bu kadar yorularak amacınızdan uzaklaşıyorsunuz!

Siz dursanız da hayatınız bir yerlere sürükleniyor. Anthony Robbins'in *Niagara sendromu* dediği duruma doğru gidiyor olabilir misiniz?

*"Bence hayat bir nehir gibidir. Çoğu insan bu nehre, sonunda nereye çıkacağına karar vermeden atlar. Böylece çok geçmeden akıntıya kapılırlar. Günlük olaylar, günlük korkular, günlük zorluklar. Nehrin çatal oluşturduğu yerlere vardıklarında, hangi tarafa gitmek istediklerine bilinçli bir şekilde karar vermezler, kendileri için hangi tarafın uygun olduğunu da düşünmezler. Kendilerini akıntıya bırakmakla yetinirler. Kendi değerleriyle yönetilmek yerine çevre tarafından yönetilen o insan kalabalığına katılırlar. Sonuç olarak, kontrolün kendi ellerinde olmadığını hissederler. Böyle bilinçsiz bir durumda kalmayı sürdürürler. Ta ki günün birinde kükreyen suların sesi onları uyandırana kadar. Bakarlar ki, küreksiz bir kayığın içinde, Niagara çavlanından beş metre gerideler. O anda hay Allah derler ama iş işten geçmiştir. Aşağıya düşeceklerdir. Bu düşüş bazen duygusal bir düşüştür. Bazen fiziksel bir düşüştür. Bazen finansal bir düşüştür. Hayatınızda bugün yüz yüze olduğunuz güçlükler, büyük ihtimalle, nehrin yukarısındayken verilen iyi kararlarla önlenebilirdi."*[19]

## Dünyayı kurtarmaya kendinden başla!

Gelişmenin doğası, suya atılan taşın yarattığı halkalar gibi, *içten dışa, aşağıdan yukarıya, bireyden topluma* doğrudur.

1. Başarı içimizde tasarlayıp dış dünyada gerçekleştirdiğimiz bir olaydır. İçimizde başaramadığımızı dışımızda da başaramayız.
2. Başarı aşağıdan yukarıya doğru bazen adım adım bazen sıçramalı zıplamalarla yaşanan ilerlemelerdir.
3. Başarı bireyden topluma doğru gelişir. Önce başarılı bireyler yetiştirmek gerekir. Gelişen bireyler, içinde çalıştıkları kurumları geliştirir. Kurumlar geliştikçe de toplum gelişir. Her şey başarılı bireyler yetiştirmekle başlar.

Oysa politikacılar bunun tersine inanır. Vergiyle toplanan kaynakları insan yetiştirmek yerine, kamu kurumu kurarlar. Yasa değişiklikleri, siyasi parti değişiklikleriyle *başarı toplumu yaratabileceklerini sanırlar. Solcular gelir, sağcılar gelir ama insanlar başarısız oldukça hiçbir şey değişmez.*

Bir manastırda bir piskoposun mezarı başında yazılı şu cümleler ne anlamlıdır:

*"Genç ve hür iken, düşlerim sonsuz iken, dünyayı değiştirmek isterdim. Yaşlanıp akıllanınca, dünyanın değişmeyeceğini anladım. Ben de düşlerimi kısıtlayarak, sadece memleketimi değiştirmeye karar verdim. Ama o da değişeceğe benzemiyordu.*

*İyice yaşlandığımda, artık son bir gayretle, sadece ailemi, kendime en yakın olanları değiştirmeyi denedim, ama maalesef bunu da kabul ettiremedim.*

*Şimdi ölüm döşeğinde yatarken birden fark ettim ki, önce yalnız kendimi değiştirseydim, onlara örnek olarak ailemi de değiştirebilirdim. Onlardan alacağım cesaret ve ilhamla, memleketimi daha ileri götürebilirdim. Kim bilir, belki dünyayı bile değiştirebilirdim!"*

Dünyayı kurtarmaya kendinden başlamak, bencillik değil başarının gereğidir. Kendini geliştirmemiş, kendini kurtarmaktan acizken, fedakârlık edebiyatıyla 'memleketi kurtarmaya' çalışanlar bu ülkeye en fazla zarar verenlerdir. *Bu topluma yapabileceğiniz en büyük iyilik kendinizi başarılı biri yapmaktır.* Kendi iç başarısını gerçekleştirmeden dış (sosyal) başarıya ulaşmış insanlardan biri olmamaktır. Almanya'yı iki dünya savaşının enkazının altından başarıyla çıkaran atasözü şudur: "En büyük **vatanseverlik mesleğini en iyi şekilde yapmaktır**."

## Kendinizle başarı sözleşmesi yapın!

Kendinize asgari bir çıta koymalısınız. Onun altına düşmemek için kendinizle sözleşme yapmalısınız. Kendinize söz vermelisiniz: *"Asla bir daha bu çizgiden aşağıya kaymayacağım."*

1. Asla elimden gelenin daha azına razı olmayacağım. Kendimden daha fazlasını isteyeceğim.
2. Başkalarına bağımlı bir hayat yaşamayacağım. Kendi kendine yetebilen ve kendi ayakları üzerinde durabilen bir insan olacağım.
3. Kendi geleceğimi şekillendirecek gücüm olduğuna inanacağım ve bu gücü kullanmak konusunda kendimi eğiteceğim.
4. Bir insan bir işi başarmışsa ben de başarabilirim. Onun kadar tutkuyla ister, onun kadar çok çalışır, onun kadar adanırsam ben de başarabilirim.
5. Milyonlarca insan nasıl başarılı olabiliyorsa, ben de olabilirim. Kendime güvenimi geliştirebilirim. Bilmediklerimi öğrenebilirim. Ben de yapabilirim.

*Hayatınızda asla katlanamayacaklarınızın bir listesini belirleyin.* Bunlar kişi, yer veya durum olabilir. Başarısızlık *rahatsız* etti mi insan başarıya doğru hareket eder. *Başarısızlık memnuniyeti, başarı mecburiyetinin önündeki en büyük engeldir.* Neye hayatınızda asla *katlanmayacağınızı* belirleyin ve kesinlikle katlanmayın. Öğrenilmiş çaresizlik psikolojisinden çıkamayanların en büyük özelliği *katlanabilme katsayılarının* neredeyse sonsuz oluşudur. "Beterin beteri var" derler, katlanırlar. *Hayal ettiğin hayatı yaşamıyorsan, yaşadığın hayat sana ait değildir.*

### İçinde bulunduğunuz başarı durumu nedir?

+10 — Önce kariyeriniz hakkında 'durum tespiti' yapalım. Başarısız durumdaysanız, kendinizi -10 noktasında kabul edebilirsiniz. Hayatı 'başa baş noktasında' yaşıyorsanız, o zaman bulunduğunuz yeri '0' (sıfır) noktası sayabilirsiniz. Kendi kendinize yetebiliyor, hatta biraz da *artabiliyorsanız*, o zaman +10 noktasındasınız demektir. -10 başarısızlık, +10 başarı noktasıdır. *+100'e gelirseniz, hem başarılı hem de büyük adam olursunuz.* Bu skalada sizin yeriniz neresi?

Şimdi -10 başarısızlık noktasından +10 başarı noktasına giden o uzun yolu özetlemek istiyorum.

Eğer başarısız olmuşsanız, başarı hakkında bildiğiniz her şeyi unutmakla işe başlamalısınız. Gerekçe basit ve net: *Bildikleriniz işe yarasaydı, başarısız olmazdınız!*

Bunu yapmak gerekli ama yeterli değil. Özgüveninizi geri kazanmalısınız. Bunun için içinizdeki öğrenilmiş çaresizlik ve atalet enkazından kurtulmalısınız. Başarısızlık ve hayat hakkında yıllardır kendinize yaptığınız açıklamaları unutmalısınız. 'Kaybeden' olmayı reddetmeli, kimliğinizi yeniden tanımlamalısınız. Kendinize *yeni bir hayat* kurma kararı almalı, buna büyük bir sadakatle uymalısınız.

Sonra hayattan gerçekten ne istediğinizi ve istemediğinizi belirlemelisiniz. Bunun için hayallerinize ve değerlerinize bakmalısınız. Olmak istediğiniz yerin, yapmak istediğiniz şeyin kesin olarak farkında olmalısınız.

*Kimler* için ve *niçin* başarılı olmak istediğinizi yazılı olarak tespit etmelisiniz.

Sadece geleceği planlamakla kalmamalı, eyleme de geçmelisiniz. Planınızı uygularken öngörmediğiniz olaylar karşısında, "Bu ülkede plan mı yapılır kardeşim?" demeyip, anlık doğru manevraları yapabilmelisiniz. Gereken zamanda ve yerde kararlılık ya da esneklik gösterebilmelisiniz. İnsanlar üzerindeki etkinize ve kişisel imaj yönetimine özen göstermelisiniz. Mesleğiniz ne olursa olsun, başarınız büyük oranda insanlar üzerinden yürür.

Bir işi tanıdığınız herkesten daha iyi yapmayı öğrenmelisiniz. Umutlarınızı yüksek, sabit giderlerinizi düşük tutabilmelisiniz! Büyük başarıları küçük aktivitelere, önemli işleri acil işlere kurban etmemelisiniz. İç disiplinle yaşamayı ve profesyonel iş kültürüne uymayı öğrenmelisiniz.

Olaylar karşısında önce düşünmeli, sonra bir şeyler yapmalısınız. Yaptığınız işi sevmeli ya da sevdiğiniz işi yapmalısınız. Önünüze çıkacak engeller karşısında bazen yılmadan yola devam etmeyi bazen de acele etmeden, sabırla beklemeyi bilmelisiniz.

Başaramadığınız denemelerden ders çıkardığınız gibi, başardığınız her işten sonra da, "Neyi doğru yaptım?" diye düşünmelisiniz. Beyninizi daha fazla *başarı bilgisiyle* beslemelisiniz. Başarınızı başkalarıyla *paylaşmayı* da bilmelisiniz.

Hayatınızın üç önemli koordinatını daima gözünüzün önünde tutmalısınız.

- Nereden başladınız?
- Nereye geldiniz?
- Nerede olmak istiyorsunuz?

Bu üç koordinatı unuttuğunuzda *kafanız karışmaya* başlayacaktır. Başladığınız yer ile bulunduğunuz yer arasındaki fark özgüveninizi artıracaktır. Olmak istediğiniz yeri düşünmek ise motivasyonunuzu.

## En iyi nasıl yapılacağını sen bil, en iyi yapan olarak sen bilin

Kanada'nın en güzel şehri olan Vancouver'de yağmurlu bir gecede bir parkta oturmuş *hayat üzerine* düşünüyordum. Her zamanki sorum geldi aklıma: *Neden bazı insanlar başarılı olmayı bu kadar çok ister? Bu insanlar neden hayatlarını yaşamak, keyiflerince eğlenmek yerine, hiç de ihtiyaçları olmadığı halde, başarılı olmak için çalışıp duruyorlar?*

Aklıma birden cevabın somon balıklarının beyninde olabileceği geldi! Vancouver'e her yıl farklı ülkelerden on binlerce insan *somon gözlemek* için gelir. Somon balıklarının *akıntının tersine* yüzerek, kayalara kafalarını çarparak, ayıların pençesinden sıyrılarak, avcıların elinden kurtularak nehrin kaynağına ulaşmaya çalışmalarını izlerler. *Düşündüm, bu balıkların derdi nedir?* **Neden önlerindeki bu kadar engele, ters akıntıya rağmen nehrin kaynağına tırmanıyorlar?** Cevap belki içlerindeki *içgüdüsel bir kodu* izlemeleridir. İşte, büyük yaşamak için doğmuş insanlar da, somon balıkları gibi *içgüdülerinin götürdüğü yere* gidiyorlar. İçlerindeki bir kodu izleyerek, ters akıntılara ve engellere rağmen *ait oldukları yere* gidiyorlar.

*İnsan bu içgüdü olmadan da başarılı biri olabilir ama tarihi değiştiren büyük adamlar bu içgüdüyle doğanlardır.* Genlerinde bu *büyüklük içgüdüsü* bulunanlar zirvede yaşarlar ya da yaşamazlar. Bu içgüdü -ki bazıları buna 'cevher' der- bir insanda vardır ya da yoktur, maalesef öğretilemez. Beraber ve solo 'saydıcı'lar korosunun söylenmesini duyuyorum: *"Bizde de bu başarı içgüdüsünden olsaydı, biz de başarılı olmasını bilirdik, bizde altyapı yetersiz!"*

Hepimiz kahraman olamayabiliriz ama hepimiz daha başarılı olabiliriz. Hepimiz en büyük beden hayatı yaşayamayız ama hepimiz hayatımızı bir beden büyütebiliriz. Bir kez daha yazıyorum, işini kötü yapan bir kral ile işini iyi yapan bir çöpçünün, insanlık için değeri aynıdır.

Başarı ile ilgili size on binlerce kural sayabilirim. *Fakat bana başarının anayasasının birinci maddesinin ne olduğunu sorarsanız İBİŞ ilkesi (İtinayla yapılan basit iş!) derim.* Hiçbir başarı kuralı bilmeseniz de sırf İBİŞ ilkesiyle, onurlu, anlamlı ve kaliteli bir hayat yaşayabilirsiniz. İBİŞ ilkesiyle kendi ayakları üzerinde durabilen, kendi kendine yetebilen, kimseye müdana etmeden hayatını sürdürebilen biri olabilirsiniz. Bundan daha fazlasını istiyorsanız büyük İBİŞ ilkesini izleyin: *Bir işin en iyi şekilde nasıl yapılabileceğini 'en iyi sen bil' ve o işi 'en iyi yapan kişi' olarak sen bilin.*

Sizi hayatınızı *bir beden büyütmeye* davet etmek için bu kitabı yazdım. Büyük yaşamak güzeldir. Bunu en iyi büyük işler başarmışlar bilir. *Çok büyük servetlere ulaşmış insanlar paraya hiç ihtiyaçları yokken neden hâlâ çalışmaya devam eder?* Büyük bir iş başarmanın tadını *bir kez daha* yaşayabilmek için.

*Başarılı olmak bir seçimdir. Başarısız olmak da bir seçimdir.* Bu seçimi farkında olarak ya da olmayarak yapabilirsiniz. Tüm bunlar sonucu değiştirmez, üç aşağı beş yukarı hepimiz hayatta seçimlerimizin sonuçlarını yaşarız. 'Saydı' mantığıyla düşünmek bir seçimdir. Atalet halinde yaşayıp, atalet halinden çıkmak için hiçbir şey yapmamak bir seçimdir. Elinde sigarayı tutarken, "Sigarayı bırakmak elimde değil," diye düşünmek bir seçimdir. Ev ödevini yapmamak bir seçimdir. *Hepimiz bir şekilde seçimlerimizin sonuçlarını yaşarız.*

Başarılı olmaya çalışırken kendinizi yenilemeyi unutmayın. Bir yandan işinizi iyi yaparken, diğer yandan *işinizi daha iyi yapacak şekilde kendinizi geliştirmeye* de zaman ayırın. Stephen Covey, 'Etkili İnsanların 7 Alışkanlığı' adlı kitabında, çok sayıda insanın yaptığı 'önemli işlere öncelik vermeme' hatasını güçlü bir örnekle anlatır:

"Diyelim ki bir koruda bir ağacı telaşla kesmeye çalışan biriyle karşılaşıyorsunuz. 'Ne yapıyorsun?' diye soruyorsunuz. Adam sabırsızca yanıtlıyor: 'Görmüyor musun? Ağacı baltayla kesmeye çalışıyorum!' 'Bitkin görünüyorsun,' diyorsunuz. 'Bu işi ne zamandan beri yapıyorsun?' Adam, 'Beş saatten fazla oldu,' diyor, 'çok yoruldum, zor iş bu!'

*'İşe birkaç dakika ara verip, baltayı bilesene,' diyorsunuz. 'O zaman ağacı daha hızlı keseceğinden eminim.'* Adam sözcüklerin üstüne basa basa, 'Baltayı bileyecek kadar zamanım yok!' diyor. 'Ağacı kesmekle meşgulüm!"

## Öyle büyük bir iş başarın ki, bir gün bir kitabımda sizin de öykünüzü anlatayım

Artık kitabın sonuna geldik. Veda vakti.

*Öyle büyük bir iş başarın ki, bir gün bir kitabımda sizin de öykünüzü anlatayım.* Öyküsü yazılmaya değer büyüklükte bir iş başarmayı kendinize yakıştırıyor musunuz? Bu başarınızı duyan arkadaşlarınız ne derdi?

*Bir gün başarıyla ilgili kafanız karışırsa, uzaklarda sizin başarınız için sürekli bir şeyler düşünen biri olduğunu hatırlayın!* Benim varlık nedenim başarılı olmak için ihtiyaç duyacağınız tüm bilgileri size sağlamak. Siz bu kitabı okurken, ben *yeni teknikleri icat etmenin* uğraşı içinde olacağım. Yeni kitaplarda yine buluşacağız.

*Eğer bu kitabı gerçekten ama gerçekten beğendiyseniz, bir tane daha alıp, ilk sayfasına, 'Bu şehirde senin daha başarılı olabileceğine inanan bir var,' diye yazıp kitabı okuması gerektiğini düşündüğünüz birinin bulabileceği bir yere bırakır mısınız? Ama bu kişi kitabın kimden geldiğini bilmemeli ve merak etmeli. Ben sevdiğim kitapları böyle yaparım. Bir tane fazla alır, rasgele bir yerde bırakır, sonra da onu okuyacak insanın hayatında olabilecek değişimleri düşünürüm. Bunu sadece hayat değiştiren kitaplara yaptım. Bu kitap hayatınızı derinden etkilemişse bunu hak etmiştir, etkilememişse unutun gitsin ya da başka kitaplara yapın.*

Eğer iki kulağınızın arasında beyniniz varsa ve onun en iyi şekilde nasıl kullanılabileceğini öğrenirseniz, eğer yüreğinizde büyük işler başarmak tutkusu varsa ve tembellik etmeden onu izleyebilirseniz, hedefinize giderken karşılaştığınız ilk engelde söylenmez, yeni yollar aramaya devam ederseniz, eğer ne istemediğiniz kadar ne istediğinizi de bilirseniz, hayal kırıklığına uğrama ihtimaline rağmen bir hayali gerçekleştirebileceğinize inanma cesareti gösterebilirseniz zirvede sizinle de görüşeceğiz.

Buraya kadar okuyarak geldiyseniz, artık size başarmak yakışır!

Şimdi kendi kanatlarınızla uçma zamanı.
*"Açılmamış kanatların büyüklüğü bilinmez!"*[20]
Kendi en iyi halini göster kendine.
Zirvede sensiz bir kişi eksiğiz!
Şimdi sıra sende!

M.S.

*İnsan zihni yeni bir fikre uzandığında,
bir daha eski boyutlarına dönmez.*

Oliver Holmes

## Dipnotlar

1) Yazar Banu Özdemir *'Otuz Mumlu Pasta'* adlı kitabında, kentli, kariyerli ve 30'lu yaşlardaki kadınların *hayat kırıklıklarını* komik ve gerçekçi bir dille anlatıyor. Okumanızı öneririm.
2) 'Yoke' İngilizcede 'bağ', 'esaret', 'boyunduruk' gibi anlamlara geliyor. Bu grubu 'bağlı grup', 'boyunduruk grubu' gibi tercüme edenler de mevcuttur. *Öğrenilmiş çaresizlik bir zihinsel boyunduruktur!*
3) Deney detayları Seligman'ın *Learned Optimism* ve *Learned Helplessness* kitabından özetlenmiştir. Öğretim üyesi Mehmet Sayım Karaçam çevirisinden de yararlanılmıştır.
4) http://www.thehealthcenter.info
5) Bu sözün Shakespeare değil Hakkı Bulut'a ait bir şarkının adı olduğunu söylesem şaşırır mısınız?
6) Bu deneyin akademik referansını bulamadım. Yine de insanların bu metni internet üzerinden sürekli birbirine gönder-

mesi nedeniyle *'gerçek olması gerektiğine inanılan bir metin'* olarak görüyorum.
7) Bu listeyi ilk defa *Türk Usulü Başarı* kitabımda yayınlamıştım. Buradaki kelimelerin çoğu, kader inancında ve kadercilik anlayışında farklı anlamlara gelir. Mesela 'İnşallah' dini anlamda 'Allah izin verirse' demektir, oysa gündelik konuşmada çoğu kez *'olacağını sanmıyorum ama belki istediğin gibi olur'* anlamında kullanılır! Bu listede kelimelerin gündelik konuşma dilindeki anlamları kast edilmektedir.
8) John Maxwell'in bu yönde bir tespitinden uyarlanmıştır.
9) http://www.thehealthcenter.info
10) http://www.thehealthcenter.info
11) Alev Alatlı'nın bir romanının adıdır.
12) 'Kişisel Ataleti Yenmek' seminer sloganı.
13) Bir Latin atasözüdür.
14) Duvar yazısı. Bazı kaynaklarda Einstein'a da atfediliyor.
15) *Yeniçağın ruhu 'bir ihtimale adanmak' yerine yeni seçeneklere açık yaşamayı yüceltiyor. Adanmanın aldanma riski taşıdığını vurguluyor. 'Öteki' seçeneklerimizin farkında olmamız, seçimimize sahip çıkmamızı engelliyor. İnsanlar biliyor ki aşkta ve işte dışarıda kendisi için 'daha iyi bir seçenek var!' Yeni hayat felsefemiz bu bilgi üzerine kuruluyor. Sadakatin süresi gittikçe kısalıyor. Seçenekçi düşünme biçimi arttıkça -ki bu kültür artık önüne geçilemez bir düzeyde- sadakatin ve adanmanın oranı azalıyor. TV gibi iletişim araçları sayesinde herkes 'öteki şıkları' daha fazla tanıyor. Müşteriler şirketlere, eşler birbirine, vatandaş devletine, izleyici TV programına, partili partisine sadakatini eskisi gibi sıkı bağlar üzerine kurmuyor. İtiraf edilmeyen kural: "Senden daha iyisini buluncaya kadar seninleyim!"*
16) Gerçekten ilk denememde yapamadığım pek çok şeyi, önce gidip nasıl yapılacağını öğrendim, sonra yaptım. Sloganım şuydu: *Yenildim, öğrendim, yendim!* Bu dersi, sokakta birinden dayak yiyen, sonra da karate kursuna gidip tüm teknikleri öğrenip, gelip kendisini döven adamı döven Japon film karakterlerinden çıkardığım için *çekirge kuralı* diyorum.

17) Tavuklardan alınabilecek en büyük başarı dersi nedir? *Bir başar beş bağır!* Önce bir iş başar, sonra başarını sat! Mühendisler arasında eski bir söz vardır: *"ODTÜ'lü mühendisler her gün denizin dibine milyonlarca yumurta bıraktığı halde hiç sesi çıkmayan balıklara benzer. Oysa Boğaziçili mühendisler tavuklar gibi bir iş yapar beş kez yaptıklarını duyururlar!"* Kim daha mütevazı? ODTÜ'lüler! Kim daha çok kazanıyor? Boğaziçililer! Siz hangi tarzı seçmek istiyorsunuz?
18) Sırası gelmişken, Çetin Altan'dan öğrendiğim iki önemli başarı dersini daha paylaşmak isterim. 1. *"Başarı yalan söyleme gereği duymamaktır."* 2. *"Bir işi yapıyor olmaktan dolayı aldığınız keyif, o işi yapıyor olmaktan dolayı kazandığınız parayı harcarken aldığınız keyiften daha fazla ise, doğru işi yapıyorsunuz demektir."*
19) *Anthony Robbins/ İçindeki Devi Uyandır.* İnkılap Yayınevi.
20) André Gide'e ait bir özdeyiştir.

## TÜRK USULÜ BAŞARI

Alanında ilk ve tek olan "Türk Usulü Başarı", Türk kültürünün kendine özgü başarı anlayışını analiz etmektedir. Üç yıl süren bir araştırma ile, "Türk Başarı Kültürü" ile ilgili tarihi belgeler, istatistiki bilgiler, halen yaşayan başarılı kişilerin görüşleri, ilgili akademik araştırmalar ve geliştirilen özel anketlerle tespit edilen kamuoyu görüşleri bir araya getirilmiştir. Türkiye şartlarında başarılı olmak için neleri bilmek, nasıl biri olmak, hangi kurallara uymak gerekiyor? Başarının "made in Turkey" kuralları bu kitapta.

## KESİNTİSİZ ÖĞRENME

Kesintisiz Öğrenme, "bilgi, öğrenme, başarı," üçgeninde bir insanın neyi, nasıl yapması gerektiğini anlatıyor. "Öğrenmeyi öğrenme" kavramının anlatıldığı bu kitapta daha hızlı, daha kolay ve daha kalıcı öğrenebilmek için kullanabileceğiniz teknik ve stratejileri bulabilirsiniz. "Hayat okulunda en çok lazım olan bilgiler, okul hayatında öğretilmeyenlerdir." diyenler bu kitapta yaşadıkça öğrenme ilkelerini bulabilecekler. Daha başarılı öğrenmek ve öğrenerek başarmak isteyenlere...

# İNSAN İSTERSE: AZMİN ZAFERİ ÖYKÜLERİ SERİ

## DANIŞMAN: MÜMİN SEKMAN

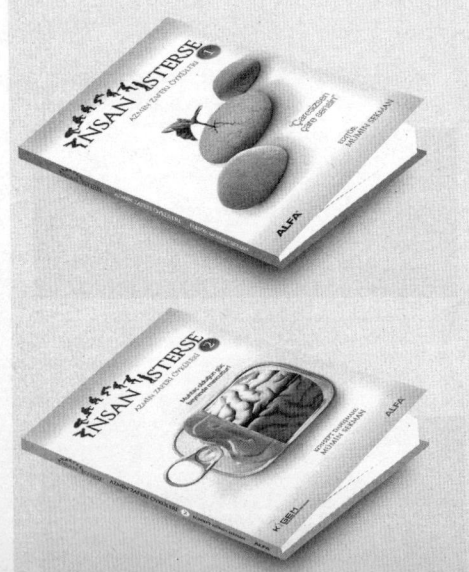

Büyük hayalleri, küçük hayatları vardı.
Hayallerinin verdiği umutla yola çıktılar.
Başlangıçta tek sermayeleri cesaretleriydi.
Paraları yoktu. Çevreleri yoktu. Zorluk çoktu.
Çevredekiler "senden bir şey olmaz" derken,
Küçük imkanlarla büyük engelleri aştılar.
Çoğu kez yenile yenile yenmeyi öğrendiler.
Azmettiler, pes etmediler, başardılar.

Kigem ekibi azmin gücüyle sıfırdan zirveye çıkanların,
Okuyana güç veren başarı öykülerini araştırdı, yazdı.

**İnsan İsterse dizisi yeni kitaplarla "azmin zaferi öyküleri" anlatmaya devam edecek.**

## HER ŞEY SENİNLE BAŞLAR

Çaresizlik öğrenilmiştir. Başarılı olmak da öğrenilebilir. Sende sandığından fazlası var! Gelebileceğin en iyi yerde değilsin. Yeni bir hayat için gereken, yeni bir akıldır. Doğru şeyi yapmak için yanlış zaman yoktur. Rüzgârı suçlamayı bırak, yelkenleri kullanmayı öğren! Seyirci koltuğundan sıkıldıysan, sahneye çık. Zirvede her zaman bir kişiye daha yer var. Başkaları yapabildiyse, sen de yaparsın. Her şey seninle başlar! Hayatta ya tozu dumana katarsın, ya da tozu dumanı yutarsın. Seçim senin!

## YA BİR YOL BUL YA BİR YOL AÇ

"Ya Bir Yol Bul, Ya Bir Yol Aç, Ya da Yoldan Çekil", hayat amaçlarını profesyonelce belirlemek, hayatını planlamak ve kontrol altına almak isteyenler için hazırlanmıştır. Kişisel potansiyeli tam olarak kullanabilmek, hayatının yönünü ve yolunu bulmak isteyenler için hazırlanan kitabın amacı, telkin vermek değil, teknik öğretmek. Bu kitap, başarı yolculuğunda; yola çıkmak isteyenlere, daha iyi bir yol arayanlara, çıkmaz sokağa girmiş olanlara kılavuzluk edecek bir başarı haritasıdır.

## KİŞİSEL ATALETİ YENMEK

Başarılı biri olmak için neler yapmanız gerektiğini biliyorsunuz. Bunları niçin yapmanız gerektiğini de biliyorsunuz. Yapmamakla neler kaybettiğinizi, yaparsanız neler kazanacağınızı da biliyorsunuz. İsterseniz nasıl yapabileceğinizi de biliyorsunuz. Buna karşın yine de yapmıyorsunuz! Sizi durduran nedir? ATALET! Bu kitapta, hem atalet (eylemsizlik) hali analiz ediliyor hem de atalet haline son vermek için çözümler sunuluyor. Ataleti yenmek üzerine yazılmış Türkçedeki ilk ve tek kitap.

## BAŞARI ÜNİVERSİTESİ

Başarı Üniversitesi'nin konusu, başarılı bir öğrenci olmak! Lise öğrencileri ve üniversite adayları için yazılan bu kitapta, 'Hayat okulunda başarı' üzerine yazdığı kitaplarıyla tanınan Mümin Sekman, 'Okul hayatında başarı' üzerine görüşlerini açıklıyor. Üniversite sınavını kazanmak! Hayatın ilk büyük unvan maçına hazır mısın? Baskı altında sakin kalabilecek misin? Derslere konsantre olabilecek misin? Kendi kendini motive edebilecek misin? İrade gücünle kendini çalıştırabilecek misin? Sınav kaygısıyla nasıl başaçıkacaksın? Yeterince verimli öğrenebiliyor musun?

## BAŞARIYI ÖĞRETEN KİTABIN BAŞARISI HAKKINDA

Her şey bir hayalle başladı.
Hukuk fakültesinin kantiniydi. İdealist bir genç ders notlarının arasına bir şeyler karalıyordu. Robin Hood ruhundan esinlenen bir projeydi bu.

Başarılı insanları inceleyecek, onların nasıl başarılı olduklarını öğrenecek, bu bilgilere kendi fikirlerini de katarak sıfırdan zirveye çıkmak isteyen "fakir ama zeki" gençlere aktaracaktı. Çünkü *başarı bilgisine ulaşmada fırsat eşitliği* sağlamak istiyordu. Böylece "Nasıl başarılı olunur" bilgisi bir avuç elit insanın elinden çıkacak, milyonlara yayılabilecekti.

Ve bir gün bu kitabı yazdı. Adı Her Şey Seninle Başlar'dı.
Acaba insanlar bu kitabı alacak mıydı?
Alanlar onu beğenecek miydi? Beğenenler tavsiyeleriyle sahip çıkacak mıydı?
Bir gencin iyi niyetli idealizmi nereye kadar gidebilirdi ki?
Şu hayat ne ilginç şey!

Şimdi düşünüyorum da, o kantindeki çocuğun hayallerindeki masumiyeti insanlar nasıl da gördü? Tüm kalbimle inanıyorum ki, her şey iyi niyetli bir hayalle başlıyor. Arkasına kalbini, beynini, ellerini koyduğun(da) hayaller gerçek oluyor. Kitaptaki ifadeyle "büyük başarı kalpten gelir, beyinde büyür, ellerden hayata akar."

HŞSB'nin ilk baskısı 100.000 adet yapıldı. Bu kadar kitap bitebilirdi de bitmeyebilirdi de. Her şey ilk okurlara bağlıydı. Okudular, beğendiler, değerbilirlik gösterip tavsiye ettiler. Çoğu kez de kendileri satın alıp hediye ettiler. İnsanlara "psikolojik enerji içeceği" niyetine ikram ettiler. İki yılda 500.000 adete ulaşıldı. Bu rakamla bir rekor kırılmış oldu. Sayenizde HŞSB "en başarılı başarı kitabı" unvanına sahip.

HŞSB kitabımda benim başarı dersleri verdiğim düşünülüyor ama aslında HŞSB bana büyük başarı dersleri verdi. Doğru olanı eksiksiz yaptığınızda, başarının matematiğine harfiyen uyduğunuzda, büyük işler başarmanın mümkün olduğunu *ders değil deneyim düzeyinde* biliyorum artık.

Peki bu kitabın başarısı daha nereye kadar büyür?
Buna tavsiyeleriyle karar verecek olan sizlersiniz.
Belki, bir gün, bir milyon.
Mümkün mü?
HŞSB bana öğretti ki;
Hayatta neyin mümkün olduğunu bilemeyebiliriz ama olabilecek olanın en iyisini yapmaya karar verebiliriz.
Her şey bize bağlı!